英语教学
技能与培养研究

盛日恩 温雅 葛海霞 著

延边大学出版社

图书在版编目（CIP）数据

英语教学技能与培养研究 / 盛日恩，温雅，葛海霞著. -- 延吉：延边大学出版社，2023.7
ISBN 978-7-230-05206-1

Ⅰ.①英… Ⅱ.①盛… ②温… ③葛… Ⅲ.①英语—教学研究 Ⅳ.①H319.3

中国国家版本馆 CIP 数据核字(2023)第 132587 号

英语教学技能与培养研究

著　　者：盛日恩　温　雅　葛海霞
责任编辑：邵希芸
封面设计：文合文化
出版发行：延边大学出版社
社　　址：吉林省延吉市公园路 977 号　　　　邮　　编：133002
网　　址：http://www.ydcbs.com
E-mail：ydcbs@ydcbs.com
电　　话：0433-2732435　　　　　　　　　　传　　真：0433-2732434
发行电话：0433-2733056
印　　刷：三河市嵩川印刷有限公司
开　　本：787 mm×1092 mm　1/16
印　　张：9.75　　　　　　　　　　　　　　字　　数：210 千字
版　　次：2023 年 7 月　第 1 版
印　　次：2023 年 7 月　第 1 次印刷
ISBN 978-7-230-05206-1

定　　价：68.00 元

前　言

随着经济全球化的深入发展，英语的学习越来越受到重视。社会生活的信息化和经济的全球化，更使英语的重要性日益突出。许多国家在基础教育发展战略中，都把英语教育作为公民素质教育的重要组成部分，并将其摆在突出的地位。

英语教学包含教和学两个方面，我们不仅要注重对教的过程的研究，更要加强对学的过程的重视和理解。不少学者认为，只有更好地理解和认识学习者是如何学习英语的，我们才能决定应如何进行教学;只有重视对教和学两方面的研究，才能把英语教学法的研究建立在更可靠的基础上，朝着正确的方向前进。当然，懂得如何运用恰当的教学策略，则更会事半功倍。为了提高英语教学的效率与质量，我们不仅要提高英语教学法的水平，更要加强对英语教学法的研究，总结出适合我国英语教育事业的教学策略。

本书以英语教学技能培养为主线，分析了英语教学的目标以及方向，对英语教学模式的改革与转型发展进行了系统的探讨，阐述了英语教学的基本原则，多维度探讨了英语的听力、口语、阅读、写作以及翻译等模块的教学创新应用与实践。本书兼具理论与实际应用价值，可供广大英语教育工作者及英语教育专业学生参考和借鉴。

通读本书后，不难发现本书的主要特点反映在以下几个方面：

一、理论性。理论研究不仅基于语言学、教育学，还涉及社会学、心理学、哲学、美学、神经学等领域。

二、实践性。从实际问题出发，进行理论研究与分析，提供解决问题的策略和案例。

三、研究性。提供了教育科学研究的方法，通过案例展示了调查、实验和论证的过程，使科学研究具有可操作性和说服力。

四、可读性。内容精简、言简意赅、深入浅出，适于高等院校和基础教育教学与研究人员阅读。

本书在撰写过程中，得到了许多专家和同人的指导和帮助，在此一并表示感谢。由于笔者水平有限，加之时间仓促，疏漏之处在所难免，敬请各位读者批评指正，以便在日后修改完善。

目 录

第一章 英语教学综述 ... 1
第一节 英语教学的现状与发展 ... 1
第二节 英语教学的对象与环境 ... 8
第三节 英语教学的思路与原则 ... 14
第四节 英语教学的策略与方法 ... 17

第二章 英语教学法的发展 ... 22
第一节 英语教学法的基本框架 ... 22
第二节 语法—翻译法与直接法 ... 27
第三节 情景法与听说法 ... 33
第四节 认知法与交际法 ... 40
第五节 全身反应法与任务教学法 ... 46

第三章 英语语言基础技能教学 ... 51
第一节 英语听力教学 ... 51
第二节 英语口语教学 ... 57
第三节 英语阅读教学 ... 64
第四节 英语写作教学 ... 71
第五节 英语翻译教学 ... 78

第四章 备课与说课 ... 90
第一节 备课 ... 90
第二节 英语教案的编写 ... 96
第三节 英语说课 ... 108

第五章　英语课堂教学管理 ··· **119**
　　第一节　英语课堂指令 ··· **119**
　　第二节　提问和纠错 ·· **120**
　　第三节　课堂教学活动的组织 ·· **128**

第六章　英语课堂教学评价 ··· **131**
　　第一节　新课程评价理念 ··· **131**
　　第二节　学业评价 ··· **133**
　　第三节　测试 ··· **142**

参考文献 ··· **148**

第一章 英语教学综述

第一节 英语教学的现状与发展

一、英语教学的内涵

英语是我国使用较广的一门外语，由于缺乏一定的语言使用环境与使用对象，这就给英语教学提出了难题。可以说，英语教学能够直接影响学习者的英语水平和语言运用能力。英语教学是一种教育活动，对教师而言，教学是引导学生学习的教育活动；而对学生而言，教学则是在教师引导下的学习活动。学生是否得到发展是教学能否实现其目标的关键。教学是一个师生互动的过程，是教师教和学生学，共同完成预定任务的、双边统一的活动。

具体来说，英语教学的内涵主要体现在以下三个方面：

第一，英语教学是有目的的活动。英语教学的不同阶段有着不同的目标，而教学目标又具体分为不同的领域与层次。

第二，英语教学带有系统性和计划性。这种系统性主要体现在其制定者主要为教育行政机构、教研部门和学校的教学管理者等。英语教学的计划性指的是对英语基础知识的计划性教学，如英语语音、词汇、语法、写作、阅读等具体知识和技能的传递。

第三，英语教学需要采取合理的教学方法和教育技术。英语教学经过深厚的历史积淀，形成了大量有效的教学方法。现代科学技术，尤其是信息技术的发展，为英语教学提供了可以借助的多种教育技术。

综上所述，可以将英语教学的内涵概括为：教师依据一定的英语教学目的与教学目标，在有计划的、系统的过程中，借助一定的方法和技术，以传授和掌握英语知识为基础，促进学生整体素质发展的、教与学相统一的教育活动。

英语教学不仅仅是一种语言教学，同时也是一种文化教学。英语是一种重要的交际语言，因此英语教学是一种语言教学。语言教学的目的是培养学生使用语言的能力。对于我国人来说，英语作为第二语言，是一门外语，英语教学也就是外语教学。从人类外语教学的发展历史来看，外语教学离不开外语知识教学，以外语知识为基础的外语教学有利于学生运用外语能力的培养。

因此，英语教学作为语言教学，其本质应该是培养学生综合运用英语的能力。需要特别指出的是，一些以学习语言知识而进行专门研究的语言教学并不是以运用语言为目的，因此对其教学并不属于语言教学的范畴，如古希腊语的研究、古汉语的研究等。这些语言在当今社会几乎不再使用，因此这种语言学习需要和语言教学区分开。

二、英语教学现状

（一）语音教学现状

1.对语音教学的内容和任务把握不够

目前，各个学校中有一部分教师误以为语音教学就是教字母、单词读音、国际音标。事实上，这种观点反映了其对语音教学内容的认识缺陷。因为语流、语调、重音等同样是语音教学的重要内容，但有的英语教师只关心前面几项内容，而忽视了后面几项，这就很容易造成学生发音、拼读尚可，但语调不过关，语流不畅，最后导致学生读不清楚，说不明白，甚至会因为语调使用错误而引起他人的误解。

2.对语音教学不够重视

作为语言存在的基础，语音是英语教学的第一关。可以说，世界上所有的语言不一定都有文字形式，但却一定有各自的语音。因此，英语语音教学也应该是整个英语教学发展的起点。然而在实际教学中，很多教师对语音教学并不重视，这一点主要表现为对学生的发音问题（如浊辅音发成清辅音、短元音发成长元音等）不认真纠正就通过，致使学生的语音基本技巧不纯熟，无法快速地将字母和语音联系起来，达不到直接反应的水平。

3.缺乏语音教学长期性的认识

很多教师和学生认为，语音作为一项基础知识，只存在于英语教与学的初级阶段，高级阶段无须再开展语音教学，这种观点是不正确的。事实上，语音教学应该贯穿于整个英语教学之中。这点常被一部分教师所忽视，导致学生的语音越来越差。语音是一种技巧性能力，"久熟不如常练"，语音的学习自然就需要经常练习。教师不仅要指导学生练习，自己也要不断地进行纠音和正调。需要指出的是，高级阶段的英语语音教学可不必将重点放在孤立的发音上，而应将语音教学融入语法、词汇、句型、课文教学和听、说、读、写训练之中，结合语境才能更好地使学生的语音得到提高。

4.教师语音不标准

教师作为学生学习的榜样，其发音的准确、地道与否都直接影响了学生对语音的学习效果的好坏。然而，由于地区差异等原因，部分英语教师自身也存在发音不准确的问题，还有一些英语教师不分英式发音和美式发音。这在人们看来似乎没什么，但英语本族人对英式发音和美式发音却比较敏感。

（二）语法教学现状

1.教学方法单一

英语语法教学方法单一的问题体现为，教师甚至只使用"先讲语法规则，后做练习"的教学方法。这种教学方法使学生处于被动的接受地位，无法调动学生学习的积极性。学生听的时候似乎明白了，用的时候又备感困惑，尤其是当几个语法现象共同出现的时候，学生往往就会不知所措。因此，面对复杂而繁多的语法条目，教师务必要注意教学手段的多样性，深化学生对语法条目的理解和记忆，使学生学会使用语法，而不是单纯地背诵语法规则。

2.学生语法运用能力差

学生对语法的运用能力差主要表现在语法知识的掌握和交际技能的运用之间存在落差。长期以来，传统的英语教学过分注重对学生语法知识的传授，以"讲授语法知识、操练句式和句型及翻译练习"为主，通过反复模仿来巩固学生的英语基础知识。因此，学生最后虽然掌握了语法知识，语法规则背得头头是道，却并不具备语法能力，在实际运用中错误百出，以至于学生虽然学了十几年的英语语法规则，但在实际交际过程中的效果却不尽如人意。

（三）词汇教学现状

1.教学方法单一

词汇是学生最常学习的内容，也是学习中最头疼的部分。很多学生都存在记得快、忘得快的问题，而且总是死记硬背单词，也常常因为太过枯燥、乏味而半途而废。这一现状与教师词汇教学的方法不无关联。大部分教师依然采用传统的教学方法，即"教师领读学生跟读—教师讲解重点词汇用法—学生读写记忆"。这种教学方法单调、乏味，学生处于被动的学习地位，这无疑加剧了学生对词汇学习的抵触情绪，教与学的效果都不会太好。对此，教师必须重视词汇教学方法的更新，要采用多样、有趣的词汇教学方法来调动学生的积极性，提高学生学习词汇的兴趣。

2.忽视学生的主体地位

学生是学习的主体，其自身的各项因素都直接决定了学习的效果。现代教育观认为，只有突出学生的主体地位，教学才能收到令人满意的效果。然而，这种主体地位在实际的英语教学中仍未得到很好的体现，词汇教学也不例外。词汇教学本应注重对学生智力的开发，重视对学生的观察力、记忆力、想象力、思维能力以及创造能力的培养。实际上，随着英语学习的不断深入，学生大多有了一定的英语词汇基础，且有能力对相关的词汇规律进行归纳和总结。因此，教师应发挥引导作用，使学生逐渐能够独立思考和总结，发现词汇规律，掌握词汇学习的方法，这样才能使学生的词汇学习事半功倍。

3.缺乏系统性

英语词汇虽然多达上百万，看起来杂乱无章，实则是有规律可循的。因此，教师应该按照一定的系统来开展词汇教学，把握好这种系统性有助于加强词汇之间的联系，从而提高词汇教学的效率和效果。然而，目前我国大多数的英语词汇教学都严重缺乏这样的系统性。从小学到中学再到大学，所有的英语课本所包含的课文，其内容的主题都没有一个系统可循，几乎每一册课本都可能包含更多的主题，如生活常识、人物事件、生态环境、旅游观光、社会道德、天文地理、历史经济等。大多数教材的课文主题五花八门，并未按照一定的系统排列开来，致使其所包含的词汇也就缺乏共同的纽带和轴心，学生也很难在所学词汇中建立起联系。这就容易导致学生在应用、记忆、复述、联想这些词汇时陷入混乱。

（四）听力教学现状

听力水平的提高需要大量的练习作保障，但很多学生课下就将学习抛在脑后，很少主动练习听力，因此听力学习的时间主要集中在课堂上。但一节课的时间有限，而且也不可能全部用于听力，因此，学生能够听的时间其实很少。而听力作为一种综合性技能，它的提高并非一朝一夕能够实现的，这就使学生的听力水平难以提高。

（五）口语教学现状

长期以来，我国的英语教学将大部分注意力都放在了语法和阅读教学上，这就导致教师对口语教学的关注不够，口语教学的方法也并未得到及时更新。"讲解—练习—运用"是我国英语口语教学的常用方法。这看起来并无不妥，但实际上却将学生置于被动的接受地位，学生在没有语境的情况下做大量机械的替换、造句等练习，根本无法有效地提高口头表达能力。

1.课时不足

与听力教学一样，口语教学也并未被独立出来进行专门教授，这就意味着口语教学的时间很难得到保证。然而，口语能力的提高通常需要花费大量的时间，进行大量的实践，而教学时间的不足直接制约了教学效果的提高。以英语教材《新编实用英语综合教程》为例，该教材主要包括五项内容：听、说、读、写、译。每个班级若按 45 人计算，加上学生参差不齐的英语水平，那么即使分配给口语课两个小时，每名学生接受的训练也十分有限。因此，教学时间的不足是英语口语教学的硬伤，直接导致了学生的口语能力低下。

2.学生口语能力差、心理压力大

中国学生在学习英语口语时，难免受汉语的影响，而存在各种各样的问题。比如，有的学生发音不准，影响了语义的表达；还有的学生不能正确使用语调、重音等，影响口语表达的标准性，甚至改变了发话人的本意。另外，由于缺乏练习，学生也很难将学到的词汇、语法用在口头表达中，因而造成无话可说或不知如何去说的尴尬。受传统教育的影响，英语教学的重点通常放在阅读和写作上，口语教学就很容易被忽视。这就导致学生缺乏口语练习，口语基础薄弱，即使日后意识到了口语的重要性，也总是心虚、不自信，不敢开口练习。虽然有些学生的口语能力不像他们想象的那么差，却仍然不愿意开口说英语。即使有一小部分学生愿意口头交流，也总是带有紧张不安的情绪，担心自己说错、被批评、被耻笑。这些负面情绪对口语水平的提高影响很大。

三、英语教学的发展

（一）教学方法的发展

传统的英语教学以教师讲授为主，教师是课堂教学活动的绝对权威，决定着课堂的教学内容、教学方法、教学进度以及评估方式，而学生是课堂的被动接受者，他们在课堂上缺乏语言输出的机会。学生尽管花费了大量的时间学习和掌握语言规则，却很难有效地将学到的语言知识恰当地运用到真实交际中。例如，在语法翻译法中，教师负责教授词汇、语法、课文分析等具体的语言项目，课堂主要围绕语言知识点的传授进行，学生缺乏通过合作、小组交流参与到课堂活动中的机会，无法成为课堂的主体。

随着语言学习交际化理念的普及，英语课堂由传统的教师主控转变为让学生大量接触语言信息并输出语言。教师逐步将权力移交给了学生，学生在教师的指导、帮助、协调和鼓励之下通过小组讨论、角色扮演、辩论、对话等方式充分提高了自主合作能力和创新意识。学生逐渐成为课堂活动的中心，教师则转变为课堂的组织者、协调者和顾问。

（二）学习者的角色发展

传统英语教学中，学习者是被动的知识接受者，他们对于如何将所学的词汇和语法在真实的语境中进行创造性使用感到茫然，不知道如何正确学习而花费大量的时间进行背诵与模仿。随着人本主义思想的日益普及，英语教学开始鼓励学生充分发挥主观能动性和创造性，鼓励学生将所学的词汇和结构进行重组，生成新的表达。教师鼓励学生通过反复练习、接触和运用语言，课堂成为沟通课堂内外交际的桥梁，而不再是保护学习者免遭风险、杜绝学习者的错误、阻止其大胆交际的隔离站，让学生成为课堂真正的主体。

（三）语言处理的发展

在传统的英语教学中，语法与词汇被看作是独立的语言项目，学习者不知道如何将其进行组合形成语义网络，只是将语法形式与交际意义相分离。实际上，学习者并不是一次性地将某一语言项目完美地获取，他们可以同时学习多个复杂的语言项目，并且通过重组、假设、验证等一系列复杂的、非线性的过程调整其能理解的形式。传统的英语教学使学习者无法将所学的语法规则应用到真实交际中。目前，在英语教学中，学生呼吁教师将语法规则与特定的交际意义相关联，使学生弄清形式与意义的关系，在真实的语境中可以学会选择适当的表达，可以参与决定单元顺序、内容、功能或意义等。

（四）教学材料的发展

传统英语教学中，语言材料是教材编写者为了教授某一特定的语法点或词汇项目而设计的。由于脱离了真实语境，这些内容在实际交际中很少使用，不利于培养学习者的语感意识和能力。而目前的英语教学鼓励使用真实的以篇章、任务为基础的语言材料进行语言教学，学习者使用来自电视、报纸、杂志、广播中的真实语料培养自己的听、说、读、写能力。由于这些语言材料源于真实的语境，与人们的日常生活密切相关，因而大大提高了学习者的实际语言运用能力。

（五）学习设备的发展

传统的英语教学中，教材是学习者语言学习的主要工具。由于技术落后等原因，这些课本通常没有配备相应的视频辅助材料，很容易使学习者产生厌烦情绪。随着互联网等高新科技的发展，学生可以通过网络下载相应的文件，并与英语本族语者通过网络直接沟通交流，大大提高了其听说能力和跨文化交际的意识。

（六）学习方法的发展

传统英语教学中，学习者的主要学习目标是完成教学大纲所规定的教学项目。在语法翻译法中，教师要求学生识记大量的词汇和语法规则，而学生的主要任务就是通过不断地练习掌握要求的语言项目。他们不知道如何巧妙地使用学习策略完成学习任务，而学习策略是提高学习效率、提高学习者自主学习能力的重要保障。目前的英语教学鼓励教师不仅要教授语言内容，而且要注重学习策略的传授。授人以鱼，不如授人以渔，教师在教学过程中应有意识地教授学生如何通过略读、扫读等策略抓住课文的关键信息，如何根据语义更加高效地记忆词汇，最终使学生可以创造性地使用语言，并且使用元认知策略对自己的学习过程进行监控和评估，以更好地提高学习效率。

第二节　英语教学的对象与环境

一、英语教学的对象

主体性教育是根据社会和现代教育发展的需要，以启发和引导受教育者内在教育为主要需求目标，并培养学生成为独立自主、自觉能动、积极创造地参与实践活动的社会主体的教育。在整个教学活动中，学生是特定的认识主体和信息交换的主体。在教育活动中，学生主观能动性的发挥对教育活动的成效起着重要作用。

在新一轮的课程改革中，教学活动越来越重视学生在教学过程中的重要性，不再一味强调教师应该如何进行教学，也不再一味强调教师主体的重要性，而是开始全方位地关注教育的双方，尤其是作为受教育者——学生的主体作用。实施教育改革，进行素质教育，最基本的一点就是一定要转变学生的地位，让学生由被动知识接受者，变为主动知识接受者，变苦学为乐学。课程改革要求"坚持以学生为本，以学生发展为主体"。这就要求今后教师在课堂教学中要着重关注教育对象，要以培养学生的基本技能、创新能力的发展为主，让学生成为课堂的主人，教师只是课堂的导演，课堂上要让学生积极参与教学，充分发挥学生的主体性。

学生是一个特殊的社会群体，其既是社会存在的重要组成部分，同时又有不同于其他社会群体的特殊性。学生是素质全面发展的人。学生的特殊性表现其是处在不断地接受他人教育的群体。无论是处在人生的哪一阶段，一旦成为学生（受教育对象），那么在家庭、学校和社会当中，就要不断吸收各种有用的知识，使自己不断成长，这样不仅有生理层面上的成长，还有心理层面的提高。只有这样才能使学生的素质得到全面的发展，最终成为全能的人。

学生都是有"目的"的。学生都有其需求的东西。所谓"学"，是指要学习的东西，学生学习知识都是有目的的，包括生存、学识、爱好等。在不同的年龄阶段，学生的目的也各不相同，但是唯一不变的是学生的学习都是有其存在的合理意义的，所进行的教学活动都是有章可循的。同时，学生是有情感、有需要的，为了满足这些情感和需要，其必须进行学习。

学生具有独特性。学生区别于其他群体的独特性在于其所在的环境和所要遵循的制度是特殊的。正如国家有法制，公司有规章，学生也应遵守适合其身份的纪律。学校是社会中特殊的环境构成体，在这里，学生有区别于社会人的独特一面，即其会在一个相对单纯的环境中学习各种生存和发展的知识和技能。同时，学生具有的自我能动性使学生能进行自我做主，努力使自己成为完整的个体。

学生是教育活动的主体，但关于学生的主体性特征却存在着若干不同观点：一种观点认为，学生主体性并不是主体各种特性的简单相加，而是它们发展到一定阶段的结晶，是学生"在对象性活动中表现出来的本质特征"，这些特征是能动性、社会性、自主性、创造性。另一种观点认为，所谓主体性，指的是作为认识主体在处理外部世界关系时的功能表现。教学认识的主体性，一方面表现在对外部信息的能动的选择上，表现出自觉性、选择性；另一方面也表现在对外部信息的内部加工上，受学生原有认知结构、经验、思维方法、情感、意志、性格等的制约，表现出独立性、创造性。也有学者提出，人的主体性是由人的现实性、有效性、能动性、创造性和自主性构成的。还有学者提出主体性的特征是整体性、自主性、能动性、创造性、独特性和发展性等。这些研究都有自身存在的特点，对于人们拓展思路和促进学生主体性问题的思考有着重要意义。

二、英语教学的环境

教学环境从广义上讲包括课堂环境、学校环境、学习环境等，因为所有这些都在某种程度上制约和影响教学的效果。所谓环境，主要是指我们所研究的主体周围的一切情况和条件。它是人们生活于其中，并且影响人的一切外部条件的综合。这个外部条件的综合包括社会生活条件、社会关系的综合和自然条件的综合。教学环境能够极大地影响教学效果包括英语教学。

（一）如何创造良好的教学环境来促进英语教学

英语教学对学生的终身发展的重要性不言而喻，随着社会的不断发展，社会对人才的要求越来越高，拥有一流的英语能力是基本要求。

1. 英语教师要更新教育观念

首先，英语教师必须树立科学的教师观、学生观以及教学观，充分尊重学生的主体地位，平等地对待每一个学生，给每个学生以充分的爱。其次，教师应有效运用必要的交往技巧，给学生充分表达的机会，用心主动倾听；以学生为学习的主体，设身处地地理解学生；有选择地注意学生在交往过程中表现出的积极面，以尊重和信任的态度对待学生。最后，充分调动每个学生主体的积极性、主动性，使之投身到英语学习过程中来，以此促进和谐师生关系的可持续发展。

2. 英语教师要讲究语言的艺术化

英语教学与母语教学不一样，学生接受的是另一种文化，所以英语教师必须讲究自己语言的艺术化，使学生在学习过程中有一种如沐春风的感觉。为此，英语教师要注意以下四点：

第一，教学语言贵在精，应避免大话、空话、套话、口头禅或喋喋不休；

第二，教学语言重在导向，应在教学过程中深刻发挥引导作用，以助学生思考问题、深入探究、解决疑惑；

第三，教学语言要新而善变，力求避免陈旧而呆板，以激活学生的思维，调动他们的积极性和主动性；

第四，教学语言应生动形象、富于情趣，给学生一种身临其境的感受。

3. 利用现代多媒体技术进行教学

英语是一门理论与实践相结合的课程，教师仅仅传授给学生英语语法知识是远远不够的，还要让学生知道如何应用。因此，英语教师可以使用现代多媒体技术进行教学。如在课堂上播放英语原声电影或原声歌曲，让学生对英美文化有足够的认知，学会进行跨文化交际。

教学环境论给我们很多启示，我们必须意识到学生是教学的主体，必须创建良好的教学环境激发学生的学习动机和欲望，让其愿意学、主动学，并促使他们积极运用，学会与别人进行跨文化交际与沟通，理论与实践相结合，这样学得的英语知识才能长久，为日后的发展奠定良好的基础。

（二）语言环境对于英语学习的重要性

"文化适应模式"是约翰·舒曼在1978年提出的，其为从环境及情感因素的角度来研究第二语言习得提供了理论基础。文化适应模式理论认为，第二语言学习者的语言学习效果取决于其对目的语言社团的"社会距离"与"心理距离"。站在英语教学的角度研究，所谓"社会距离"是指英语学习者与英语语言社团接触的紧密程度，主要包含社会优势、融合策略、社团封闭、团结紧密度、文化相近、彼此态度这六个方面。

社会优势：社会优势是指与英语语言社团相比，英语学习者在文化、政治、经济、科技方面的地位是较强还是较弱。双方国势的高低强弱将影响英语学习者与英语语言社团接触和学习愿望。双方国势越平等则社会距离就越小，英语学习者与英语语言社团接触和学习的愿望就会越强烈。

融合策略：融合策略是指英语学习者对英语语言社团的文化所采取的融合策略，一般有同化、适应及保留三种。其中，采用同化策略的英语学习者的社会距离最小，而采取保留策略的学习者社会距离最大。

社团封闭：社团封闭指的是英语语言社团与英语学习者在生活、工作或者社会设施的使用上的共用程度。双方越是各自封闭，则社会距离就会越大，而越能共融，则社会距离就会越小。

团结紧密度：团结紧密程度指的是英语学习者在英语语言社团里的团结紧密程度。英语学习者的群体规模越大，则社团之间相互接触也就越少，社会距离就越大。

文化相近：文化相近是指英语语言社团与英语学习者之间的文化越相近，则融合也就越容易，社会距离就越小。

彼此态度：彼此态度是指英语语言社团与英语学习者彼此对对方的态度，态度越正面，社会距离就越小。

除了上述社会心理距离因素以外，文化适应模式理论认为还有一种"心理距离"因素也对第二语言的学习产生影响。尤其是当上述社会因素在第二语言习得上不产生影响时，个体和群体的心理因素就将发挥影响。"心理距离"是指英语学习者与英语语言社团由于情感因素而造成的距离，心理距离对英语语言学习产生的影响，主要包含以下四项情感因素。

语言休克：语言休克是指英语学习者在学习或者使用英语时所感到的挫败感和恐惧感，学习者在学习和使用语言时越害怕被批评，被嘲笑，则其出现的心理障碍也就越大，与所学习的语言之间的心理距离也就越远。

文化休克：文化休克是指英语学习者在进入英语语言社团后，由于文化差异所造成的与英语社团交流时所产生的焦虑和抗拒情绪。焦虑越强，则出现的心理距离也就越大。

学习动机：学习动机是指英语学习者在学习英语时所存在的融合型或工具型学习动机。带有融合型动机的学习者愿意融入英语语言社团，其心理距离较小；而带有工具型学习动机者为了某种目的需要学习，其融入英语语言社团的兴趣较低，心理距离也就相对较大。

自我渗透：自我渗透是指英语学习者越能与英语语言群体接触则越能扩大自我疆界的渗透力，因此，对英语语言社团的心理距离也就越短。

文化适应模式中，"社会距离"就是"群体距离"，而"心理距离"即"个体距离"。对于学习英语来说，其学习效果因人而异，其中有如年龄、学习能力、学习动机、学习态度等个体性非语言因素在发挥作用，但是由于这些个体差异不一定都很特异。因此，决定英语学习的关键因素还是社会性因素，即使是个人化的因素，如学习能力，在英语学习中也往往与社会性因素相关。

（三）英语教学中创设语言环境的方法

1.运用浸入式教学方法创设英语学习环境

浸入式是指外语作为教学语言的一种教学模式，即学习者在校园的全天或者半天浸泡在目的语的环境中，教师以目的语组织各种教育活动和生活活动。浸入式教学模式以"直接学习，类似习得"的学习方式在语言教学过程中突出目的语言的工具作用，将目的语言的学习和学习者的认知活动有效结合，在丰富的学习内容和活动中以形象、生动、直观有趣的呈现方式来提高目的语的可接受性和应用性。英语学习者应当以互动的方式开展英语学习，语言习得是一种自然的学习方式，是在有意义的语言交际中，通过对语言的理解和使用，自然而然获得语言的能力。语言交流对于语言学习者来说之所以如此重要，原因在于人们流利的说话能力并非直接从教授和句法形成的训练中获得，而是在有意义的互动交流中自然习得。不同学科领域的教学应当有机结合，英语教学应当与不同学科知识的学习互相融合。英语学习应当与日常生活密切联系，英语学习应当给学习者带来愉快的体验，而非痛苦的经历。创设浸入式教学环境要做到以下五点：

第一，要在师生之间建立平等、友好、和谐的关系。

第二，要开设形式多样的课程，为学习者创设全英语学习环境，追求教师不教而教，学生不学而学的佳境。

第三，在开展教学活动中，要肯定、赞赏并鼓励其有效语言的回应。

第四，要运用直观、形象和形式多样的教具如多媒体、录音带、教学光盘等来辅助教学。

第五，创设生动、活泼、多样的情景活动，增强语言的学习趣味，提高学习者的学习积极性和主动性。

2.利用英文原版电影进行英语教学

英文原版电影语言真实，是促进英语教学的有效手段。一部好的英文原版影视作品既能涵盖英语语言学习中的语音、语调等要素，又能通过有声有色的画面反映英语国家的社会文化和风俗习惯。在英语教学过程中，英文原版电影欣赏有助于为学生创设语言学习环境和氛围，提高学生英语基础知识和听说读写各方面的技巧，使学生从自我兴趣和生活经验出发，在学习过程中形成积极的情感态度，主动思维和大胆实践，提高综合语言的自主学习和运用能力。

在实施英文电影赏析这一情景教学方法之前，教师必须慎重选择教学影片。英美电影作品繁多庞杂，但并非每一部都是精品，也并不是每一部作品都适合英语教学。当然，所有的英文原版电影从故事情节上都具有休闲娱乐功能，但是，若忽视了选择标准，则最终只会停留在休闲娱乐的层次上，浪费课堂教学的宝贵时间。为了保证课堂教学的质量，教师必须按照内容是否健康向上、能否忠实反映英语国家主流文化、是否具有深刻的教育意义等几个标准尺度来对影视作品进行筛选，选择语言多样化、文化内涵丰富的影片。此外，为了使学生对影片能有较为全面、深刻的了解，教师应在上影视欣赏课之前将准备播放的影片中所涉及的历史文化背景知识、人物简介、重点生词、难句、俚语等提前印发给学生，让学生提前预习相关内容，为观看电影做好充分的准备工作。在观看影片的过程中，教师应该组织多样而灵活的练习活动，如角色扮演、自主提问等，继续深化观影感受。课后，教师还要有意识地引导学生进行不同形式的英语技能训练，如小组讨论、写影评、学生自主推荐喜爱的影片供下次欣赏等，提高学生的学习主动性，强化课后学习效果。

3.准自然语言环境的创设

语言是交际工具，只有在特定的语言环境中才能获得。对于母语习得者而言，在自然、真实的语言环境中，其可通过正常的生活和学习在耳濡目染中学会并熟练运用语言。而对于大多数第二语言学习者来说，由于缺乏第一语言环境，多是在母语环境下学习第二语言，缺乏自然的英语语言环境给第二语言的学习造成了重大障碍。为了最大程度上减少语言学习的障碍，针对目前英语教学，学校和教育工作者应通过以下三种方式主动为学习者创设一个自然而真实的"准自然语言环境"。一是在课堂教学中尽量采用英语授课，增加"可理解性语言输入"，从而培养学生的英语思维能力，减少母语所造成的负面干扰。二是根据每个单元特点和主题采用不同的导入方法，并对其精心安排。三是结合课程内容，开展角色扮演，以及点菜、问路、看病等现实生活模拟活动。

在英语教学中创设语言环境，降低社团之间的优势差异，打破社团间的封闭状态，提升融合策略将有助于英语学习者了解目的语言的文化差异，从而学会接纳英语文化。作为非现实社会，在课堂上为学生营造不怕犯错误、透过错误不断改进学习方法的愉快学习环境，帮助学生克服心理障碍，不失为当前值得广泛借鉴的英语教学方法。

第三节　英语教学的思路与原则

一、英语教学的基本思路

在应试环境的压力下，英语教育仍把升学率作为培养的终极目标，教师苦教，学生苦学，只重视传授应试的书本知识、应试的技能、应试的能力，无视学生的个性特点、个别差异和身心发展的内在要求，阻碍了教学方法的改革。尤其在英语教学中，存在着"重语言知识、轻交际能力"的倾向，大容量、高密度地向学生灌输书本知识，致使许多人学习了十几年的英语还是无法与外国人用英语正常交流。为适应时代的需求，我国对英语教育进行认真的研究和深入的改革势在必行，这对全面推进素质教育、实现教育面向现代化、面向世界、面向未来具有重大意义。因此，21世纪的英语教学要注入以下的新思想、新理念。

第一，教师应注重自身全面素质的提高。英语教师应该加强各方面教育理论的学习，特别是学习有关英语教与学的心理知识，研读英语教学等报刊，提高教学理论水平。在加强自我学习的基础上，英语教师应积极参加再教育学习，接受再培训，不断提高专业水平，进行知识更新，甚至是教育理念的更新，不能只是传授知识，而是应该给学生提供更多的学习方法。教师也要不断提高自己的语音、语调、听说、教学技能以及现代化外语教学技术等，教师可以到校外观摩学习名师的教学方法和教学技巧，灵活使用教学资源和能发挥出学生主体作用的教学技能。在教学工作中，教师应多开展教研教改活动，经常进行听课、讲课、评课工作，与同事进行交流，组织集体备课、课堂教学专题研究、优质课评比等活动，相互学习、共同提高，从而促进自己的教学工作，提高教学教研水平。英语教师还应开动脑筋，通过自制教具、创设情景等方法解决辅助教材不足以及外语教学设备缺乏的现状。

第二，教师应以素质教育为基础，倡导人性化英语教学模式。人性化教育又称为人本教育，体现了在教育过程中知识接受者的主体地位。随着知识经济在全世界的兴起，人性化教育作为一种世界性的教育潮流已成不可阻挡之势，"树立主体意识，造就独立人格"已成为现代国际教育思想变革的一个重要标志，任何成功的教育必须充分考虑到学习主体的个性特征。

第三，教师应使教学方法和教学手段多元化，实施网络环境英语教学的新模式。现代社会信息渠道的多元化必然导致学生获取知识渠道的多元化，从实施素质教育的高度出发，教师通过多种教学形式，将学生学习能力的培养有机地渗透到整个教学过程中。为此，教师应努力探寻和运用行之有效的教学方法和手段，通过形式多样、效果显著的教学方法，来充分调动学生学习的积极性。语言是文化的载体，也是文化的主要表现形式，语言离不开文化，文化依靠语言，英语教学作为一种语言教学，当然也离不开文化的教育。例如，英语词汇在长期使用中积累了丰富的文化内涵，所以，教师在教学中要注意对英语词汇的文化内涵和文化背景的展示和介绍，避免学生望文生义，从词汇本身做出主观而片面的认知和评价。作为英语教师，必须在学习和实践中不断更新教育教学观念，适应时代要求，从教育教学的实际出发，不断学习，不断探索，积极投身到素质教育的伟大实践中去，走进新课程，拥有新思想，迎接新挑战。

二、英语教学原则

（一）了解学生，有的放矢

教师应全面深入了解学校学生的英语基础。在高等院校中，会有一部分学生英语基础薄弱，没有学习英语的动力，也没有养成良好的学习习惯，这时英语教师必须要有耐心和信心去帮助学生。否则，上英语课时，学生总是以疑惑的眼神望着教师，久而久之就会产生放弃学习英语的念头。教师只有掌握了学生的基本情况，才能做到有的放矢，找出适合学生的教学内容和教学方法。

（二）激发兴趣，永不言弃

首先，教师上课时要充满激情。英语教师要把每一堂课当成是一次演讲，把每个学生当成是重要的听众。教师上课有气场，学生的注意力才能集中，教师良好的精神状态是会传递给学生的。许多优秀教师上课时，总是激情四溢，学生听得津津有味，这样很容易引起学生的学习兴趣，达到良好的教学效果。如果教师上课时打不起精神，学生就容易出现开小差、打瞌睡、玩手机、看课外书等现象，更谈不上对英语课的兴趣。其次，教师上课时，还要善于运用幽默。教师的幽默总是能够让课堂轻松愉快，让师生关系和谐，幽默能够让严厉的批评变得富有人情味而又充满情趣。最后，英语教学要面向全体学生，教师要不放弃每一个学生，关注学生的英语学习情况，争取让每个学生都对英语保持一份热情。教师要多去关心学生，在学习英语方面给予更多的指导，慢慢激发他们的学习兴趣。

（三）选好助手，齐心协力

在英语课堂上，要想较好地完成活动任务，靠英语教师一个人的力量是不够的。因此，教师要把全班学生分好小组，并且每组选好一个小组长，让小组长来当本组的教师助手，帮助教师和学生完成任务。

（四）提升能力，精益求精

教师要想上好英语课，就需要不断提升自身的业务能力，在课堂教学中发挥出教师的主导作用，合理利用多媒体教学手段，积极参加业务能力培训，使英语教学精益求精。

第四节　英语教学的策略与方法

一、英语教学策略

教学策略是指教师为达到预期教学目的、促进学生有效学习、实现教学有效性所采取的教学行为。以往的英语课程教学策略是以教师为主导，学生被动接受的传统模式。此种教学策略带来的后果是学生学习的主动性与积极性难以被调动起来，教学效果不尽如人意。英语教学必须彻底摆脱此种陈旧的教学策略，并精心研究探讨新的有效的教学策略。从教师的角度来说，必须以现代教育理念替代传统教学理念，用新知取代旧识，指导其教育教学活动。从教师自身来说，教师要通过不断的学习，全方位地提高自身的教育教学相关能力，并能够在教育教学的过程中进行反思，在改进中反思，在反思中改进，进而提升自己的整体能力。从师生关系来说，在教育教学活动中，要从以教师为本转变为以学生为本，在关心学生进步和发展的同时，还要关注教学效益和教学效果的提高。

（一）更新理念，指导英语教育教学活动

教师要及时要更新教学理念，用现代教育理念来武装自己的头脑。新的教育理念主要包括创新教育理念，以学生为本的教育理念，全面发展的教育理念，强调学生主体性、个性化的教育理念，以及开放性的教育理念。英语教师要与时俱进，用新的教育理念来指导自己的教育教学活动，从而实现教师角色的根本转变。在教学中，要从以教师为主体转变为以学生为主体，教师要由知识的讲授者逐步变为学生学习行为的引导者和评估者，在教育教学的过程中以学生为本，重视学生的共性与个性，关注学生在英语学习中的现实需要和未来发展需要，挖掘学生潜能，给学生展现自己的空间，使学生在英语基础知识、英语交际能力等方面获得均衡的发展，从而提高学生的英语综合能力，最终实现教学目的。此外，教师在教学过程中可以运用多媒体等多种现代教育手段和教育模式

提升教学质量与效果。

（二）在实践中不断提升自身的综合教学能力

英语教师的综合教学能力对最终的教学效果有直接的影响。因此，教师应通过不断提升自己的综合教学能力，尤其是英语专业知识和多媒体应用知识，才能使自己的教学活动开展得游刃有余。另外，教师在进行英语教学时，不仅仅要教会学生如何通过各类考试，更重要的是教会学生如何使用英语进行听、说、读、写，如何能够进行流畅的交流。这些也要求教师要不断提升自身的综合教学能力，并想方设法在教育教学中为学生创设语言交际环境，使学生的英语知识在实际应用中得以巩固和实践，真正做到学以致用。具体细化到课堂教学中，则分为四大方面：

1.学生之间的合作学习策略

具体做法为教师将学生分为若干小组，再给每个小组安排一个需要完成的问题，小组中的学生通过相互间的合作，最后获得小组成绩。这种合作学习的策略可以为学生创设语言环境，帮助学生在团队氛围中互相学习，互相进步。

2.口头表达策略

教师通过口头表述，让每个学生都有机会表现自己，锻炼他们的口语表达能力。根据相关研究表明，在英语教学中实行口头表达这一教学策略可以提高学生的综合应用英语的能力，特别是听说能力。

3.师生互动策略

在教学过程中，教师要尝试增加教学活动中的师生互动。如教师可以提出问题请学生表达自己的观点，根据学生的观点再提出新问题。学生也可向教师提出问题，就某一问题共同探讨。这样的策略有助于调动学生的积极性和主动性，活跃课堂气氛。

4.传统教学与网络学习相结合的策略

在传统的英语教学中，学生进行的是集体化的学习活动，这一做法有助于培养学生的集体主义观念。而通过网络进行学习，学生可以根据自己的实际情况自由选择学习时间，享有最优的资源，学到更多的知识。所以在英语教学中，教师一方面要引导学生利用多媒体与网络进行自主学习，另一方面也要重视在英语教学中的方法。

二、英语教学方法

英语教学方法众多，各有特色和特定的教学目的。从理论上来说，这些教学方法应该适用于各个层次的英语教学，实则不然。由于各个层次英语学习者的学习特点、思维方式、英语基础、学习环境等不同因素，因此学习者的学习习惯和方法都有所区别，相应的教学方法就会有所不同。英语有如下五项特点：第一，学时少，要求高；第二，强调语言共核；第三，存在母语的严重干扰；第四，教学班大，学生人数太多；第五，英语教学是一个系统工程。

（一）英语教学方法的选择

英语教学方法众多，并且具有强烈的时代特征和明确的目的性，同时英语学习者具有较高的思维认知水平，能独立有效地观察事物、思考问题，因此相对于中小学英语学习者而言，学习者对英语教学的期望值更高。正因为如此，在英语教学过程中，任课教师对英语教学方法的选择和使用就显得特别重要。

教学方法服务于具体教学实践。一般来说，教学方法对教学实践的作用存在于两个方面，即短期作用和长期影响。短期作用主要体现在对特定教学内容和教学目的两方面的影响：教学方法对特定教学内容的影响主要体现在对教学内容的选择和展示方式上，而对特定教学目的的影响主要是合适的方法有助于促进该目的实现。教学方法对教学实践的长期影响主要体现在对任课教师正面形象的塑造和教学风格的形成，教师的正面教学形象有助于促进学生学习态度和学习风气的形成，而教学风格的形成有助于促进学生对教师教学的适应，从而有助于提高教学效果。因此，为了实现教学目的、增强教学效果，教师需要选择合适的教学方法。合适的教学方法有助于提升学生学习的积极性，改善学习方法、学习氛围等。

总体上说，合适的英语教学方法对教学的意义有以下四个方面：第一，最直观的意义在于提高教学效率。不同的教学方法对统一教学内容的影响很大，教学方法并没有优劣之分，只有适合的、有效的教学方法，才能够真正提高教学效率。第二，教学效率的提升可以促进教师的教学能力，如教学自信心和教学积极性等。与第一条同理，只有适合自己的教学方法才是最好的，才能够提升教学效率，而教学效率对教师积极性和自信心的提升是显而易见的。第三，不同的教学方法有助于促进教学研究人员根据教学实际开展教学实验及教学研究，一方面有助于教师根据教学实际情况以及具体教学需求选择最合适的教学方法，另一方面也有助于研究人员对某种教学方法中所存在的不足之处加以修改，以便更好地服务于以后的教学实际。第四，教学实践及教学实验中所取得的数据也有利于研究人员根据特定的研究目的而建立特定的教学方法评价体系，并进一步促进教学研究，从而更好地服务于英语教学实践。

（二）听说认知法

1.听说认知法概念

听说认知法的形成受20世纪四五十年代盛行于美国的结构主义语言学和行为主义心理学的影响，不少语言学家直接参与了听说认知法的理论建设。有人把这种影响归纳为五个要点：语言是说的话，而不是写出来的文字；语言是一套习惯；教学语言，而不是教学有关语言的知识；语言是本族语使用者说的话，而不是某人认为应该说的话；不同民族的语言各不相同。

2.听说认知法的教学原则

（1）重视听说，兼顾读写。听说认知法把听说能力的培养当作英语教学的主要目标和培养读写能力的基础，语言材料首先经过耳听、口语，随后再落实到笔头。

（2）反复操练，形成习惯。听说认知法强调语言学习是过渡学习的观点，要求学生经过大量、反复的操练，达到自动化地掌握语言材料的程度。它还要求尽量避免和及时纠正学生的错误，以免形成错误的习惯。

（3）围绕句型学习语言。句子是表情达意的基本单位，句型是从无数句子中归纳出来的、抽象化了的句子模式，是语言遣词造句规律的体现。英语教学应促使学生高度熟练地掌握英语的基本句型，培养学生根据句型类推出大量新句子的能力。

（4）对比结构，确定难点。听说认知法认为，英语与学生的本族语之间的差距越小，则学习越困难，因为它是以英语与本族语的对比为依据来决定教材中教学内容的选择与编排、教学时间的分配和测试内容的。此外，听说认知法还主张尽量限制使用本族语，主张学生通过归纳法掌握语法。在具体教学活动方面，听说认知法特别重视句型操练，并形成了包括替换、转换、组合、扩展等形式的句型操练体系。听说认知法是第一个自觉地把系统的语言学和心理学理论作为理论基础的教学法体系，其产生对听说领先思想的传播、对比语言学的发展和应用、教学机器和语言教学室在英语教学中的运用起到极大的推动作用。

(三）情景交际法

1.情景交际法概念

情景交际法是一种以课堂活动为主体,以学生为中心,以教师为课堂活动的组织者、参与者和指导者,在不断变化的情景中让学生运用所学的语言知识,获取语言交际能力的教学方法。

2.情景交际法的特点

情景交际教学法的特点在于它着眼于实际需要,着眼于学生的需求,强调以学生为中心,重视学生的参与,强调通过交际活动学习语言。情境交际教学法给学生提供了大量的运用语言知识的情景,它要求学生积极思考、发挥想象力,把所学的知识与实际的情景相结合,提高掌握所学知识的效率。

3.情景交际法的优缺点

（1）情景交际法可以使课堂气氛变得生动活泼,使学生的视野和思路变得宽阔,使课本知识变得鲜活形象。

（2）学生通过情景交际法可以发挥自己的想象力、创造力、判断力和语言交际能力,使学习和运用语音知识的积极性得到充分发挥。

（3）情景交际法可以提高学生连贯地运用英语的能力。这是因为在交际活动中学生要用生活中实际需要的语言进行交际,用连贯的话语表达自己的思想,不但要会回答问题,还要会提问。情境交际法使学生可以通过不同的方式交流思想,达到沟通的目的。

（4）情景交际法可以创造出活跃的课堂气氛,使学生之间和师生之间拘谨的关系变得和谐融洽,使学习变得轻松愉快。

（5）情景交际教学法的不足之处在于它淡化了语言知识的讲授,导致学生使用的语言有时不够规范,在表达过程中出现语言错误,因此,还有待改善。

第二章　英语教学法的发展

不少学者为了使英语教学更有成效，按照他们对语言理论的不同理解和对语言学习的不同认识，不断地进行有关英语教学方法的研究和探讨。英语教学法的相继出现和不断改进，促进了外语教与学研究的深入，提高了人们对英语教学的认识。因此，了解各种教学法的原则和具体的操作方法有利于我们了解各种外语教学方法的优缺点，从而使我们能从实际出发，在教学实际中选用恰当的方法进行教学，取得理想的教学效果。

第一节　英语教学法的基本框架

理查兹和罗杰斯在他们所著的《语言教学的途径和方法》中，把构成各种教学方法的组成部分描述为观点和步骤。在理查兹和罗杰斯的模式里，观点指的是语言理论和语言学习的理论，或称语言观和语言学习观。设计中包括了使用此方法的目标，教学大纲，教学中的活动，学习者、教师和教材的作用。步骤则指在课堂上看得见、摸得着的一个接着一个的具体教学环节。在这个模式中，我们更能了解语言理论和语言学习理论在某一教学方法中的作用。理查兹和罗杰斯关于教学方法的描述如下图（图2-1）所示。

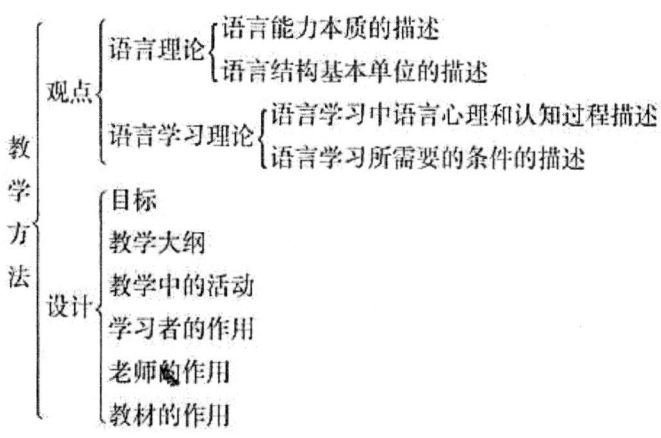

图 2-1　教学方法描述

理查兹和罗杰斯的模式是一个描述各种教学方法较好的框架，它不但包含各种外语教学方法创立的理据（语言理论和语言学习理论），还包括实施这些方法的具体技能和活动。

一、语言和语言学习的观点

一种外语教学方法的创立或使用能反映人们对语言和语言学习的认识。如果我们认为语言是一个由结构组成的系统，该系统由音素、词素、单词、句子和篇章组成，学习语言就是掌握这个系统，这样的认识可称为"结构主义的语言观"。对语言的认识除了结构主义的观点外，还有其他认识，如功能派和互动派的观点。

由于对语言学习过程和所需条件有不同的理解和认识，人们会提出不同的语言学习理论和观点。如果我们认为语言学习是一个习惯养成的过程，在这个过程中我们接收语言输入，通过语言结构的操练可逐步地掌握语言技能，这种观点可称为"行为主义的语言学习观"。语言学习理论可分为两类：一类强调学习条件；一类强调学习过程。斯温纳提出的"可理解输出"假设属于前者，而习惯养成理论和技能学习理论则属于后者。除这些理论以外，还有其他的理论，如二语习得理论，克拉申的监察模式就是一例，它是既强调条件也强调过程的理论，有些外语教学方法主要是依据语言理论建立起来的，而另一些可能是依据语言学习理论创立的。当然，也有同时以某一语言理论和某一语言学习理论为基础的教学方法，如听说法和情景法。

二、教师的教学目的

教师的教学方法不仅受教师对语言和语言学习的看法的影响，而且还受制于他的教学目的。如果教师将语言看成是一门知识，他的教学目的是通过外语教学对学生在智力方面进行磨炼，使学生能阅读外语的文学作品，他便会使用语法—翻译法进行教学；但如果将语言看作一种技能、一种习惯，想通过大量机械的模仿练习让学生掌握语言，他就会采用听说法、口语法或情景法去教授。外语教师的教学目的是各种各样的，它可以是培养学生的交际能力，训练学生懂得对不同的人、在不同的场合和时间说不同的话；也可以是通过教学，促使学生弄懂有关某一门外语的知识；还可以是培养学生的听、说能力或阅读能力。当然，教师所采用的教学方法也从一个侧面反映了教师的教学目的。

三、主要教学活动和特点

不同的教学方法可以采用不同的教学活动来达到其教学目的，不同的教学活动也可以成为区别不同教学方法的依据。通常可以观察到的教学活动包括：课文朗读、句子翻译、课文大意译述、对话、问答、句型操练、对指令的反应、信息交流、角色扮演、用语言来解决问题和课文内容复述等。当然，不同的教学方法会采用不同形式的教学活动，这也与教学理论有关。

但在采用不同的教学方法时，也有可能采用同样的教学活动和形式。教学活动的采用可以为不同的教学目标服务。例如，在听说法和在交际法中都会使用句型操练这一教学活动，但句型操练在听说法里是教学中最中心的活动形式，而在交际法中，它是为交际做准备的一种活动。因此，同一种教学活动可以为不同的教学目的而出现，用于不同教学方法的教学过程中。

四、强调哪一方面能力的培养

不同的教学方法在能力培养方面都有其不同的侧重点。有的教学方法着重培养学生的听、说能力，有的则着重培养学生的读、写能力；有的重视对语言结构的掌握，有的则重视对语言功能而不是语言形式的掌握。由于有不同的教学对象和不同的培养目标，教师应该按照实际情况采用不同的教学方法，这样才能做到有的放矢。

五、教学材料的设计

教学材料的设计是按照教学大纲来进行的，不同的教学方法采用不同的教学大纲。语法—翻译法和听说法的教材是按照语法大纲来编写的，而交际法的教材则多以语言功能的培养为主线（有些也结合语法大纲来考虑）来编写。不同的教学材料在其内容项目（语音、语法、语言功能等）和内容安排方面都会有所不同，传统的做法是线性排列、项目按次序一个个地传授和训练。现在更多学者主张螺旋式排列，这种排列能让项目在完成一定次序后再出现，逐步深化，这种安排更接近我们对事物的认识和语言学习的自然过程。

六、教师和学生在教学中的任务和作用

在不同的教学方法中，教师和学生的作用是不同的。在一种教学方法里，教师被认为是知识的传授者和教学上的权威代表；而在另一种教学方法里，教师被看作语言的交际伙伴，同时也是课堂顾问和学生学习外语的带路人。和教师一样，学生在不同的教学方法中担任的角色也不同，他们的作用可以是主动的，以表演者、交际者、问题解决者的角色出现；也可以是被动的，以知识的接受者或对语言刺激做出相应反应的模仿者出现。就是在教学的不同阶段或教学的不同时间，教师和学生的作用和任务也会不同。使用不同的教学方法或在不同的教学阶段，教师和学生作用的不同，也受到不同的语言观和语言学习观的影响。

七、母语的作用

不同的教学法对母语的作用有不同的看法。著名的语言学家斯特恩认为，怎样看待和处理母语和外语的关系，是学习外语要解决的一大难题。语法—翻译法认为母语的知识可以被运用到外语学习上来，因此在使用语法—翻译法教授外语时，教师基本上是使用母语进行的。而直接法则认为外语教学应与母语脱钩，因此在使用直接法教学的课堂里，母语是避免使用的。虽然使用母语与否只不过是在教学过程中表现出来的一种现象，这一现象却反映了人们对语言学习的观点。在学习外语时，需要建立一个外语语言系统，这个系统与母语系统之间的关系如何？它是在母语系统基础上重建的，还是在母语系统之外独立建造的？这是两种不同的看法。怎样正确对待母语和外语之间的关系，是个值得研究的问题。

八、对待学生错误的态度

在学习外语的过程中，错误是不可避免的，教师对学生所犯的错误可以采取不同的态度，如使用听说法的教师，在学生的错误一出现时，马上就加以纠正，这也是强调语法教学和主张行为主义的教师的做法。在这些教师看来，语言是一套习惯，要养成良好的习惯，必须把不正确的习惯在刚开始出现时就克服掉。但有些教师认为，学习外语的学生能像母语学习者一样，在学习语言的过程中自我改正错误。也有些教师认为，熟能生巧，练习多了，错误便能自己改正，因此对这部分教师来说，错误可以少管或不管。

对待学生的错误的不同处理方法也反映了对外语学习过程的不同理解，外语学习是一个漫长的内化过程，在这一过程中，学生会以一种中继语（介乎母语和外语之间的语言）进行交际。因此，错误的出现是不足为奇的，教师应对错误分析原因、找出问题、注意时机，并采取不同的方法帮助学生克服。

基于以上外语教学理论，下面的各节将按上述框架对英语教学法的主要流派进行描述。

第二节　语法—翻译法与直接法

一、语法—翻译法

语法—翻译法是英语教学使用较早的一种方法，以翻译和语法学习为主要的教学活动。语法—翻译法从 19 世纪开始用于现代语言教学，至今还在许多国家应用。

（一）语言和语言学习的观点

语法—翻译法把目标语看成是一个规则系统，这一规则系统能在文本和句子中了解到，并与母语规则和意义有联系。语言学习被视为智力活动，这种智力活动涉及规则学习、规则记忆和以大量翻译方式与母语意义相联系的操作。

（二）教师的教学目的

按照使用语法—翻译法的教师的理解，学习英语的目的是通过学习来培养阅读文学作品的能力。为达到此目的，学生必须掌握英语的词汇和语法规则，以便能运用其进行翻译。这些教师还相信，在学习外语的过程中通过背诵语法规则、背诵词汇、应用语法规则做翻译练习等，学生可以得到很多逻辑、思维的练习，从而使智慧得以提升。

（三）主要的教学活动和特点

语法—翻译法主要的课堂教学活动包括：对整篇课文大意的译述、把课文逐句从外语译成母语的活动、对课文中语法规则作演绎式的讲解，以及直接阅读课文以加深对课文的理解等。

以语法—翻译法为教学方法的课堂活动很可能会作如下设计：

首先，教师会用母语把文章的作者和写作背景作简单介绍，然后对文章大意进行译述，以使学生对文章的整体有一个初步的理解：

其次，对课文进行逐句翻译。一般来说，在翻译之前，教师会带读单词表里的单词，以使学生知道单词的发音和意义。在逐句翻译的时候，教师会先朗读句子，然后用母语解释词的意义、短语的意义和句子的意义。碰到语法方面（包括词法、句法和惯用法）的问题，教师会较详细地解释语法现象、规则和用法，并举例说明。逐句翻译和语法讲解是语法—翻译法课堂教学的中心活动，它占去课堂活动的大部分时间。教师会用边翻译、边解释语法项目的方法完成全篇课文的讲解，课堂活动除了课文朗读和学生用英语翻译进行练习外，绝大部分时间是在用母语进行教学。

在讲解清楚语法和翻译了课文的基础上，教师还会让学生直接阅读课文并做一些阅读理解的练习以加深对课文整体的理解，阅读理解的练习多半以选择题的形式出现，例如：

Choose the correct answer to each question according to the text.

1.Where was the writer of the story from?

A. France.

B. Germany.

C. England.

D. Switzerland.

2.Who was little Franz?

A. A hard-working student.

B. A boy who did not work hard at his lessons.

C. A boy who usually went to school on time.

D. A soldier's son.

到此为止，教师基本完成了一课的教学。教师还可以根据情况让学生做一些笔头的翻译练习。

（四）强调哪一方面能力的培养

语法—翻译法重视词汇和语法的学习，强调阅读和写作两个方面能力的培养，而听、说能力没有得到应有的重视。

（五）教学材料的设计

在语法—翻译法的教材中，不少课文选自英语的文学原著或原著的简写本，课文会按照语法现象和项目的出现顺序来安排，很多教材采用线性排列的组织方法。课文后一般编有语法项目的解释、练习，并有英语和母语对照的词汇表，词汇按阅读课文的需要来选择，通常选择生词或旧词新义。

（六）教师和学生的作用

在该教学法中，教师是课堂教学的权威、知识的传授者和课堂教学的组织者；学生在教学中接受教师的教导并按教师的指示去完成学习过程。

（七）母语的作用

语法—翻译法中的教学语言是母语，教师用母语翻译英文，进行语法讲解，并用母语回答学生的提问，英语的意思是靠译成母语来理解的。

（八）对待学生错误的态度

由于使用语法—翻译法的教师重视语言准确性的培养，他们期待学生能在翻译方面达到较高的水平。因此，他们对学生的错误会及时纠正并为学生提供练习的正确答案。

二、直接法

直接法是在19世纪末为批判语法—翻译法而创立的，作为外语教学的一种方法，直接法具有以下特点：
（1）只使用目标语进行教学。
（2）意义通过语言、动作、物体等手段结合情景来表达。
（3）先教说，然后教读和写。
（4）用归纳法讲授语法。

（一）语言和语言学习的观点

主张直接法的学者认为口语而非笔头语是第一性的，所以学生应学习日常使用的目标语。英语学习和母语学习相似，语言学习过程可用联想心理学解释。因此，声音、简单句子会与教室、家庭、街道等不同环境中的实物、人物等相联系进行教学。

（二）教师的教学目的

使用直接法的教师旨在培养学生使用英语进行交际的能力。虽然听、说、读、写四种技能都要培养，但在入门阶段，重点放在口语能力的培养方面。为了达到培养学生用英语进行交际这一目的，学生应学会用英语进行思维，只有这样，学生才能摆脱母语的干扰，用英语表达自己的思想。

（三）主要的教学活动和特点

直接法主张在英语教学中，英语词语应该同它所代表的事物和意义直接联系起来，这种联系是直接的，不需要以翻译作为中介。直接法的主要目的是培养学生用英语进行交际的能力，而在初级阶段主要是口头交际的能力。因此，在直接法的课堂里，教学活动有如下三个特点：

（1）教师使用英语进行教学，并广泛使用实物、图片、手势、表情等直观手段对英语的词义和句子作解释，以使意义清楚。

（2）模仿、朗读和问答是主要的教学活动形式，这些活动有利于帮助学生掌握好正确的语音、语调和培养学生的口头表达能力。由于直接法主张听、说、读、写同时并进，在突出听、说技能训练的同时，读、写也要从一开始就抓起。

（3）教师要求学生在提问或对教师的问题作答时，均以完整的句子说出问句或答句，因为句子被视为口头交际的基本单位。

为了能够更好地理解直接法课堂教学的活动和特点，下面以教师教授的一篇题目为"Locking at a Map"的文章为例，描述直接法教学课堂的情况。

课文描述美国地理的情况是：

We are looking at a map of the United States. Canada is the country to the north of the United States, and Mexico is the country to the south of it. Between Canada and the United States are the Great Lakes. Between Mexico and the United States is the Rio Grande River. On the East Coast is the Atlantic Ocean, and on the West Coast is the Pacific Ocean. In the East is a mountain range called the Appalachian Mountains. In the West are the Rocky Mountains.

该课是以学生一个接一个朗读课文的句子开始的，每当学生读完一个句子，教师即指向教室中挂着的地图的某一部分，这一部分就是学生朗读的句子中所指的那部分，这样一来，在地图的帮助下，学生明白了课文内容并加深了对句子意思的理解。接着，教师让学生提问，当有学生问及"mountain range"的意思时，教师在黑板上画出好多个锥体来解释。然后按课文内容向学生提问，并要求学生用完整的句子作答。例如：

Teacher: Class, are we looking at the map of Italy?

Students: No, we aren't looking at the map of Italy.

Teacher: Are we looking at the map of the United States?

Students: Yes, we are looking at the map of the United States.

Teacher: Is Canada a state in the United States?

Students: No, Canada isn't a state. It is a country.

Teacher: Are the Great Lakes in the North of the United States?

Students: Yes, the Great Lakes are in the North.

Teacher: Is Mississippi a river or a lake?

Students: It's a river.

教师提问结束，再让学生发问。当教师发现有学生在某些单词如"Appalachian"的发音有问题时，他随即要求学生模仿他的发音和他所说的句子，以保证学生发音正确。

提问环节结束，教师开始另一项练习：以课室为情景，练习使用介词，使学生更明确介词的意义和用法。教师同样可以用提问的方式来练习。

该课是以一个介词的笔头练习和一个听写练习结束的。我们可以注意到，语法的教学在直接法和语法—翻译法的课堂处理是完全不同的。在语法—翻译法的课堂里，语法是以演绎法的途径教授的，即讲授语法规则，然后用例子说明和解释。而在直接法的课堂里，语法是以归纳法的途径去教授的，即让学生先掌握语言材料，再从他们所积累的感性语言材料中总结出语法规则，教师不在学生接触语言材料之前去讲授任何语法规则。

（四）强调哪一方面能力的培养

在直接法的课堂里，虽然听、说、读、写的训练一开始就已出现，但是口语被视为基础，特别是在入门阶段，教师的工作重点是培养学生口头交际的能力。阅读和书写的练习都是根据口头练习过的材料来设计的。由于对口头表达能力的偏重，教师从一开始就重视训练学生良好的词汇量。相比之下，语法规则的学习和讲解则重视得不够。

（五）教学材料的设计

主张直接法的学者在编写教材时，很注意使用"活语言"作基本材料，在教材中安排讲授"日常用语"，以使学生能学用结合，学以致用。有些学者认为，按直接法的教学大纲编写教材是以情景（如教授"购物""在银行里"等情景中使用的语言）或以某一话题（如教授谈论"天气""地理"等话题的语言）为基础的。

（六）教师和学生的作用

虽然在直接法的课堂里教师主持所有教学活动，但学生要比在语法—翻译法中主动得多。教师和学生有着一种搭档（或伙伴）的关系，学生可以向教师提问、回答教师的问题，教师可以向学生提问、回答学生的问题。此外，学生也可以与其他同学进行对话并讨论问题。

（七）母语的作用

由于直接法强调语言形式同客观表象之间联系的直接性，认为在外语形式和客观表象之间不应加进相应的母语形式，否则，母语将会成为学习外语的障碍，干扰外语的学习。因此，直接法主张全英语式教学，不应该在英语课堂中使用母语。

（八）对待学生错误的态度

直接法是在学者们对孩子学习母语、运用母语进行观察的基础上建立起来的。而孩子学习母语，犯错误是不可避免的，父母不会过多指责孩子的错误，相反，他们会以不同的形式讲出正确的语言，让孩子自己去纠正错误。

使用直接法的教师对学生的错误也如父母对待孩子的错误一样，采用各种不同的方法使学生自己纠正错误，最后达到自我改正的目的。

第三节　情景法与听说法

一、情景法

情景法又称"口语情景法",是20世纪30年代至60年代由英国应用语言学家创立的英语教学法。情景法的影响较大,不少人现在还在使用按它的原则编写出来的教材、工具书和字典。虽然情景法和听说法具有共同的理论基础,但是,情景法有着不同于听说法的特点,即它强调语言在情景中的应用。

(一)语言和语言学习的观点

情景法的语言观是英国的结构主义。英国学者认为口语是语言的基础,结构是讲话能力的核心,应在情景中通过口头练习来学习语言结构。他们还指出学习语言有三个过程,即接受语言输入、通过重复操练记住、在实际练习中使之变为个人技能。很明显,行为主义的习惯形成理论是他们的语言学习观。

(二)教师的教学目的

使用情景法的教师希望通过英语教学培养学生四种基本的语言技能,即听、说、读、写的能力,他们认为这些技巧是通过对语言结构的掌握获得的,而语言结构又是通过口语的训练来掌握的。

(三)主要的教学活动和特点

为使教师能遵循情景法的教学原则和操作步骤去教授,教学活动可以概括为:提出情景,学习语言;听说领先,反复操练;书面练习,巩固结构,以《新概念英语》教学为例:

教师首先根据课本中提供的图画(情景)向学生说明将要学习的内容,接着是听力训练：听对话或课文的朗读（或录音）。由于教师要求学生合书而听，在这一阶段，学生只接触到声音符号和图画提供的信息，没有与文字符号打交道。

然后，教师开始对课文或对话进行讲解，并要求学生明白新的词汇和语法结构。教师用英语解释，但碰到特别困难的词汇和结构时，也可用母语讲解。

在学生理解课文内容的基础上，教师指导学生对课文的重点结构进行操练。操练时，教师向学生提供一定的语言线索或情景，控制操练的内容，学生则按要求口头操练不同的语言结构。比如，在教授《新概念英语》第二册第一课时，教师可以用两种形式来操练，即提问形式和句型练习形式。用提问形式来练习时，教师可说"Ask me if I went to the theatre."，要求学生说出"Did you go to the theatre?"。教师可以不断地提出要求，要求学生不断发问，如教师可说"Now put 'when' in front of your question."，这时学生会问："When did you go to the theatre？"。

用句型操练形式练习时，教师提供关键词和练习的模式，要求学生操练课中的结构。例如，在练习简单句句型时，教师可以提供一定的语言线索，如"walk across the stage, slow"，要求学生说出"She walked across the stage slowly, didn't she?"。句型操练后，教师还可以把一些关键词写在黑板上，要求学生口头复述课文内容。在听、说练习的基础上，教师会安排笔头练习，好让学生把学到的语言结构加以巩固。笔头练习的形式包括回答问题、句型转换、造句等。

（四）强调哪一方面能力的培养

在《语言教学的途径和方法》一书中，理查兹等总结了情景法的六大特点，其中两个特点是：

（1）Language teaching begins with the spoken language. Material is taught orally before it is presented in written form.

（2）Reading and writing are introducing once sufficient lexical and grammatical basis is established.

这两个特点告诉我们，虽然情景法的目标是培养学生听说读写的能力，但是它强调的仍然是听、说方面的能力。在主张情景法的学者看来，口语是第一性的，是书面语的基础，是在教学中应强调的方面。

（五）教学材料的设计

情景法的教材在编写方面有如下两个明显的特点：
（1）按照语言项目的出现频率选择词汇和语法项目，常用的先安排，先教授；
（2）按照从简单到复杂的原则安排和组织教学内容。
《新概念英语》很能体现这两个编写原则。就词汇项目而言，它先覆盖常用词汇表中的两千个常用词，然后才教授一些较难和出现频率较低的词；就语法结构而言，先教授简单句，然后教授并列句，最后才是复合句。

（六）教师和学生的作用

在情景法的教学中，教师不仅是语言楷模，而且是课堂活动的设计者和指挥官。作为语言楷模，教师以正确的英语去设计学习的情景，教师的语言是学生模仿的标准；作为课堂活动的指挥官，他组织和控制所有的课堂活动；作为活动的设计者，他在教学中观察学生的错误，然后考虑在下一堂课中应如何设计教学以便帮助学生改正错误。

在学习的初级阶段，学生是个模仿者，模仿教师的语言，按教师的指令去做。随着学生水平的不断提高，教师会鼓励他们多提问和多做一些控制性较少的活动，如对话等。

（七）母语的作用

在情景法的课堂里，英语是教学语言，教师应用英语组织教学、解释语言项目和布置家庭作业。为使解释词汇或结构更加清楚，教师也可以使用母语，但教师不鼓励学生使用母语进行翻译。

（八）对待学生错误的态度

主张情景法的学者认为，语音和语法方面的准确性是十分重要的。因此，在学习过程中应想方设法使学生不犯错误，当错误出现时，教师应予以纠正，以使学生养成良好的语言习惯。

二、听说法

听说法是在第二次世界大战期间由美国语言学家建立起来的外语教学方法。它和直接法共同的地方是强调口语的第一性,强调口头能力的培养。但它也有自己独特的地方,它认为语言是不同的,母语是外语学习的主要干扰,可以对比分析母语和外语各个层面的异同,预测学习外语时碰到的困难,困难来源于两种语言的差异。"听说领先,读写跟上"可以说是听说法特点的一种表述。

(一)语言和语言学习的观点

听说法把语言看作一个系统,这个系统由在结构上相互联系用以表意的成分组成,这些成分是音素、词素、单词、结构和句型,因此,听说法在语言学理论方面是以结构主义作为其理论基础的。

在语言学理论方面,听说法是以行为主义的学习理论作为依据的。按照行为主义言语行为的学习模式,语言技能的获得必须通过刺激—反应—强化这一过程。学生会对教师的语言(刺激)做出反应。教师应尽量强化正确的反应,使它们重复出现。由于语言学习被视为习惯的培养,教师会要求学生重复某些语言结构以加快习惯的养成。因此,句型操练在听说法中被视为一种有效的方法。

(二)教师的教学目的

使用听说法的教师希望通过教学培养学生使用英语进行交际的能力。他们认为语言是一套习惯,学习英语就要养成一套新的习惯,而要这样做,就要超量地学习语言,通过大量的模仿、记忆和操练,熟练掌握各种语言结构(包括语音、语法和词汇的结构),在运用各种语言结构进行交际时能达到不假思索脱口而出的程度(或称为自动化的程度)。为能自动化地使用英语,学生必须克服母语的旧习惯对外语新习惯的干扰。

(三)主要的教学活动和特点

由于听说法重视口语教学,教材中的每课均由对话开始,因此教授对话是听说法课堂的主要活动。听说法课堂的教学活动和特点可以总结为:

(1)教授对话,听说领先;

(2)跟读模仿,句句复述;

(3)强化操练,掌握句型;

(4)巩固口头,读写跟上。

为把对话教得生动活泼,教师可以通过不同的方式进行表演。例如,在一个听说法的课堂中，教师正在教授真空吸尘器推销员和顾客之间的对话。为了表演得生动逼真，教师一会儿把一个蝴蝶结放在头上表演女顾客，一会儿又把蝴蝶结放在脖子上表演男推销员。一般说来，教师会把对话表演两次，以使学生听懂对话内容。然后教师会要求学生一句一句地模仿跟读。如果碰到长的句子，教师会用逆向组句法来训练学生掌握难句。例如，教师发现学生在跟读"I'm going to the post office."碰到困难时，他会用如下方式教授此句：

Teacher：Repeat after me：post office.

Class：Post office.

Teacher：To the post office.

Class：To the post office.

Teacher：Going to the post office.

Class：Going to the post office.

Teacher：I'm going to the post office.

Class：I'm going to the post office.

这样一来，一步跟着一步，学生便能掌握一些较长或较难的句子。

多次模仿和跟读后，教师、学生之间会表演对话。表演的形式可以是多样的，既可以由教师扮演对话一方，全体学生扮演对话的另一方，也可以由一半学生扮演对话的一方，另一半学生扮演对话的另一方。

接着教师会抽出对话中的一个句型进行句型操练。句型操练可以说是听说法一个很有特色的训练项目，它可以是替换词型，也可以是句型转换型。作替换词型的操练时，教师先提供一个句子，如"going to the post office."，然后，教师向学生展示一间银行的图片，展示的同时说"I'm going to the bank."示范结束后，教师向学生展示不同的图片，训练学生说"I'm going to the ..."。句型转换型的操练则更加灵活，教师可以说出肯定句，训练学生说出否定句或疑问句；教师还可以说出两个句子，训练学生把它们合成一个复合句（定语从句、名词性从句等）；教师还可以说出一个句子并提供一个情景，训练学生说出一个某种句型的句子（如倒装句、虚拟语气的句子、感叹句等）。句型操练是训练学生掌握各种句型、句子结构的一种行之有效的训练方式。只要运用得当，它就是一种很好的训练项目。

不管是在模仿跟读还是在句型操练的阶段，教师对读得好、做得对的学生都要予以鼓励，教师会说"good"或"very good"，以此促进学生良好习惯的养成。

一般来说，听说训练完成后，教师可以布置阅读和书写的练习以巩固听、说的效果。也就是在听、说训练完成后，教师才让学生拿到或看到所学对话的书面形式，这就是很多人把听说法的具体操作总结成"听说领先，读写跟上"的原因。

（四）强调哪一方面能力的培养

创立听说法的学者认为口语是第一性的，文字是第二性的，听说训练好了，有利于读写能力的培养。因此，听说法强调听、说能力的培养，课堂大部分的时间都花在听和说的训练方面。教师很注意学生的发音和语调，不少教师还使用语言实验室加强听的训练，特别训练学生区分含有不同音位的词对和句子，例如：

（1） We are going to live here.
　　　We are going to leave here.
（2） She's got a pen in her hand.
　　　She's got a pan in her hand.
（3） They came at last.
　　　Day came at last.

教师还会使用语言实验室训练学生掌握正确的语音和语调。

（五）教学材料的设计

听说法教材的编写有两个较明显的特点：一是按结构大纲来编写；二是考虑学习者的母语和文化背景，根据不同母语背景的学生的特点来编写。

在结构大纲里，对语言不同的层面（语音、语法、词汇）都有较详细的描述，各种结构都按由简单到复杂的顺序排列好，以供编写教材使用。

在听说法的教材里，可以看到有语音的训练项目（发好某一个音的要领、发音的示意图等）、语法结构的训练项目和词汇的训练项目，但最中心、最重要的项目是句型训练，这是因为支持听说法的学者认为，语言首先是言语，而言语应通过结构去学习。

美国结构主义语言学家认为语言是一套习惯，而语言又各有所异，因此在学习外语时必须要克服母语习惯的影响而养成外语的新习惯。要找出母语对外语学习的负面影响，使用对比分析方法，比较两种语言（母语和外语）各个系统（语音、语法和词汇系统）的异同，从而找出某一母语的学生在学习某一外语时会碰到的问题。因此，在编写教材时，编者会作两种语言不同系统的比较，比较母语和外语在各个层面的异同，并按照学习者不同的情况、不同的母语等编写出不同的教材。

（六）教师和学生的作用

在听说法的教学中，教师不仅是学习英语的楷模，还是课堂活动的指挥官。学生是模仿者，他们时时都在模仿教师的语音、语调，尽自己的努力争取模仿得像教师这个楷模一样。

课堂上的活动，不管是对话的教学还是句型操练都是在教师的指挥下进行的，教师控制操练的速度，掌握操练的类型，鼓励学得好的学生，并纠正学生的错误以防止错误变成坏习惯。从这个意义上来说，听说法是一个教师起支配作用的方法。

（七）母语的作用

在听说法中，母语的习惯被视为学生学习英语过程中养成外语新习惯的干扰，因此母语不在听说法课堂里使用，英语是教学的语言。为了找出学生学习英语的难点，可以把母语和英语两个系统进行对比分析。按照对比分析结果，母语和英语的不同点将构成学习上的难点。

（八）对待学生错误的态度

听说法认为学习英语是掌握一种新的语言习惯，而习惯的形成主要靠正确的模仿和大量的操练，因此从学习英语的第一天开始，教师就要严格要求学生，要求学生做到理解正确、模仿准确、表达无误。教师应对学生的错误及时纠正，使学生养成正确的外语习惯。

第四节 认知法与交际法

一、认知法

认知法是外语教学的一种方法，所依据的观点是语言学习是主动的心理活动而不单是形成习惯的过程。它强调学习者在运用和学习语言，特别是学习语法过程中的积极作用。

（一）语言和语言学习的观点

乔姆斯基提出的转换生成语法和心理语言学可视为认知法的语言和语言学习理论。乔姆斯基认为：语言不是一套习惯的结构，而是一套受规则支配的体系；人类学习语言不是单纯的机械模仿，而是受规则支配的创造性过程。

在语言学习理论方面，学者迪拉提出认知理论的四个原则：

（1）活的语言是受规则支配的创造性活动；

（2）语法规则有其心理的现实性；

（3）人类有独特的学习语言机制；

（4）活的语言是思维工具。

按照这些原则，语言教学应视为一个有意识学习的系统，新语言应在实际中呈现和实践，学习语言应在有意义的实践中进行。

（二）教师的教学目的

认知法的教学目的是培养学生实际、全面地运用英语的能力，它探讨怎样才能使成年人掌握英语，以达到使用英语的目的。

（三）主要的教学活动和特点

认知法把英语教学过程分为三个阶段，即语言理解、语言能力和语言运用。在语言理解阶段，学生要理解教师讲授或提供的英语材料，明白语言规则并懂得它们的构成和用法。按照认知法的理论，语言规则的讲授可采用发现法。教师可提供易于使学生发现规则的语言材料，从已知到未知，引导学生发现和总结出语法规则。例如，讲到过去时的时候，教师可让学生复习现在时的句子：

（1）He often plays basketball in the evening.

（2）He often stays in the China Hotel.

（3）He often stops to have a rest at noon.

然后说出或写出下面含有过去时的句子：

（1）He played basketball yesterday afternoon.

（2）He stayed in the China Hotel last week.

（3）He stopped to have a rest yesterday.

通过这种方式，教师引导学生总结动词过去式的构成、用法和意义。

提供适当的语言材料，引导学生理解和总结语言规则是第一阶段教学的工作。

第二阶段的教学主要是语言能力的培养。语言能力的形成必须在理解语法规则的基础上，通过有意识、有组织、有意义的操练来获得。操练形式是多种多样的，其中有些形式会与听说法的练习形式相同。但是认知法主张的是做表达思想感情的有意义的练习，而反对那种只重形式的机械性练习。练习的形式可以是看图说话、描绘情景、转述课文、造句和翻译等。

如果第二阶段的练习紧扣课文、围绕课文的语言点进行且控制性较大的话，第三阶段的教学活动应该是控制性较小的、使学生享有更大自主权的交际性练习。通过多样化的交际性练习培养学生运用语言材料进行听、说、读、写的能力，特别注意培养学生真实的交际能力。

交际性的练习可以是按指定的情景进行交谈，如围绕在商店购物、在医院看病、在餐馆用餐等进行交谈；也可以是按指定的题目进行叙述和讨论。交际性的练习可以是口头的角色扮演，也可以是书面的作文和翻译。不管其形式如何，第三阶段的交际活动是以学生为中心的，教师处于从旁指导的地位。

（四）强调哪一方面能力的培养

虽然认知法主张听、说、读、写齐头并进，但它过分强调规则的指导作用和成人学习英语的特殊性，因此对语音、语调方面要求的严格程度稍逊于学生的理解能力和自学能力。

（五）教学材料的设计

认知法的教材按有利于培养学生发现和理解语言规则的原则来设计。教材中包括反映外语在不同情景中使用的电影、录像和录音等材料，以便让教师在教学时能对不同的语言结构进行不同形式的操练，创造外语环境让学生进行交际操练。

（六）教师和学生的作用

认知法认为，在英语学习中，教学活动应以学生为中心，只有激发学生对英语的兴趣、激起他们学习上的动力，教会他们正确的学习方法，他们才能积极、主动和有创造性地学习英语。因此，在英语教学中教师是导师，引导学生解决学习上的问题、发现语言规则、创造情景让学生操练语言规则。学生是英语的积极使用者，他们在教师的指导下，发现语言规则、理解语言规则并在大量的交际活动中创造性地运用这些规则。

（七）母语的作用

主张使用听说法的学者强调语言的差异性，而赞同认知法的学者则强调语言的普遍性和共同性。他们认为，成年人学习英语可以利用自己在母语学习中已掌握了的语法知识、概念和规则，为英语学习服务，促进英语学习，因此母语应该在英语教学中使用，它可以用来讲解语法规则和语言现象。与此同时，支持认知法的学者也意识到母语和英语在结构上存在着差异。母语的过多使用必然会干扰英语的学习。因此，他们认为母语的使用要适量和恰当。一般说来，在教学的第一阶段，即语言的理解阶段可多用母语，在第二阶段和第三阶段应多用英语。

（八）对待学生错误的态度

支持认知法的学者认为，语言习得是按照"假设—验证—纠正"的过程进行的，在语言习得的过程中，出现错误是难免的，也是很自然的。学生的错误可能由各种原因造成。母语干扰、教学不当或英语内部某些成分相互干扰都会造成错误。因此，对错误要作具体分析,找出原因,给予必要的指点和提出纠正的方法。但在实际过程中,由于不熟练、疏忽或某些语言项目未习得而出现的错误,只要不影响交际,教师就不必打断学生说话而进行纠正,以便创造一种轻松愉快的交际气氛,让学生更好地运用语言。

二、交际法

交际法又称"功能法"或"功能—意念法",产生于20世纪70年代初期。英国学者为创立交际法做出了杰出的贡献,交际法是人们深入研究语言功能的结果,标志着在外语教学中人们开始从只注意语言形式和结构的教学转向注意语言功能的教学。

(一)语言和语言学习的观点

交际法视语言为交际工具。因此,外语教学的目的是培养学习者的交际能力。一个掌握了语言交际能力的人,不仅懂得语言的结构,而且还知道在什么时候、什么场合、对什么样的对象得体地使用语言。在语言教学中,学习者不但要学会结构,更重要的是要学会使用结构,掌握语言功能。强调交际中意义的传递、语言的使用是交际法的特点。

交际法的语言学习理论依据可以从其实践中了解到。可将它们归纳为三个原则:交际性原则、任务性原则和意义原则。交际性原则认为,涉及真正交际行为的活动促进语言学习;任务性原则指出,使用语言来进行有意义任务的活动能促进语言学习;根据意义原则,对学习者有意义的语言能促进语言学习。按照这些原则,教师应让学生在真正的交际活动中进行有意义的活动,完成一定的学习任务以达到培养语言交际能力的目的。

(二)教师的教学目的

支持交际法的教师的教学目的是培养学生英语的交际能力。海姆斯认为,一个学习语言的人不但应该有识别句子是否合乎语法规则的能力和造出合乎语法规则的句子的能力,还必须懂得怎样恰当地使用语言,即对不同的对象使用不同的语言,在不同的场合、不同的时间使用不同的语言。因此,英语教学应培养学生英语的交际能力,即要培养学生在社会环境中恰当地使用语言的能力。要达到此目标,学生需要懂得语言的形式、意义和功能。例如,一个人向另一个人提议做某事时,在非正式场合可以说"Let's..."

"What about..." "How about..." "Why don't we..."；在正式场合则应该说"May I suggest..." "Would you care to..." "If I may make a suggestion..."。同时学生也应该懂得同一结构也可以用来表示不同的功能，比如用祈使句可以表示请求、建议、邀请、指引。

(1) Pass the salt.

(2) Try the smoked salmon.

(3) Come around on Sunday.

(4) Turn right at the corner.

因此，学生要通过学习，学会使用正确的语言形式来表达思想。

（三）主要的教学活动和特点

利特尔·伍德在1981年出版的《交际法》一书里描述了交际法教学活动的类型。交际法教学活动分为交际前活动和交际活动，交际前活动又分为语言结构性活动和准交际性活动，交际活动则分为功能性交际活动和社会交际性活动。

准交际活动是为真实交际做准备而设计的教学活动，可以是句型操练、对话等项目，目的是对英语中的句型和结构进行训练，为交际活动做好准备。如果没有对英语结构和句型的掌握，要进行交际就是困难的。功能性交际活动是利用语言功能获取有关信息。社会交际性活动是利用语言建立和维持人与人之间的友好关系，可以是角色扮演、解决问题等活动。

在交际法的课堂里也有语言结构性的活动，这一类的活动与听说法的句型操练有相似的地方，但不完全一样。因为按照要求，可以把这一类型的活动设计得很像真正的交际活动。

支持交际法的学者认为，真正的交际活动应该有三大特点：信息沟、选择性和消息的反馈。缺少这些特点的对话就很可能是句型操练，而不是真正的交际。例如，对话双方都知道当天是星期二，为了练习一下词汇和句型，一个人问另一个人"What day is it today?"，另一个人回答"Tuesday."。这样的对话就不是真正的交际活动，因为两人之间的交际没有信息沟的存在。当一个人不了解某事而与另一个了解该事的人交换信息时信息沟才存在。再举一例，如果要求学生把一个陈述句的句子转变为问句，教师可以说"Will you change my sentence into a question? I went home yesterday."，学生可以回答"Did you go home yesterday?"，但这样的对话也不是真正的交际，因为回答者没有选择的自由，而发问者又不可能从回答者的回答中了解到他是否已明白了自己的意思。因此，教师在设计教学活动时也应注意真正交际活动的三大特点。

（四）强调哪一方面能力的培养

在交际法里，语言的功能比结构更受重视。一般来说，交际法的教材按功能大纲来编写。同一功能不同结构的语言分不同的阶段介绍，先介绍简单的，然后再介绍较复杂的。例如，学习"请求"时先介绍"would you..." "could you..."，再学习"I wonder if you would mind..."。

口头交际被认为是在说话者和听话者之间通过磋商而实现的；进行书面交际时，语言的书面形式的意义也是通过作者和读者之间的相互活动而理解的，读者不仅要看懂文章，更要了解作者的意图。

（五）教学材料的设计

交际法的教材有不同的设计类型，有纯粹功能型的，有结构—功能型的，也有题材型的，还有功能—结构型的。

考虑到语言形式的不足会使语言结构失去系统性，结构—功能型的教材注意了语言结构的安排，但对功能意念项目考虑不足。

题材型的教材可以照顾语言形式的系统安排，又能适当地安排功能项目，是编写教材较好的设计形式。题材型的教材可以使语言形式和功能项目有机地结合，能采用语言结构和语言功能项目循环式的编排方法，使语言结构的出现从简单到复杂，使语言功能项目多次出现，有利于学生掌握和运用语言。

（六）教师和学生的作用

在交际法中，教师的作用是多方面的。教师既是组织者，安排全部的教学活动，在教学活动中又是顾问，回答学生提出的问题，观察学生的表现；同时也是交际者，不时与学生用英语进行交际。教师的职责是使学习变得容易些，有趣些。从这个意义上来说，教师也是为学生学习提供方便的人。学生主要是以交际者的身份参加学习的，他们在交际法的课堂上通过交际学习英语。

（七）母语的作用

母语在交际法中没有特别的作用，英语应是交际活动中唯一的语言，在解释课堂活动和布置作业时也应用英语进行。支持交际法的学者认为，要使学生明白英语不仅是一个学习的项目，而且是进行交际的工具。但有些学者认为，有时审慎地使用母语也是可取的，但要合理、适当地使用。

（八）对待学生错误的态度

主张交际法的学者认为，学生在使用英语进行交际时犯这样或那样的错误是正常的，是不足为怪的。学生会在使用英语进行交际的过程中不断完善自己，从多犯错误到少犯错误。因此，教师应鼓励学生积极用英语进行交际，就算在交际过程中犯某种错误，只要不影响交际，教师也不应打断学生的思路去纠正他们的错误。

第五节 全身反应法与任务教学法

一、全身反应法

全身反应法是美国心理学家在20世纪60年代后期创立的一种外语教学法。创立该教学法的依据是儿童习得母语的表现。儿童学习语言是从听开始的，学习讲话也发生在听别人讲话之后，而且儿童对成年人的指令一般是先作行动的反应，然后才作语言的回答。成人学习外语与儿童习得母语有相同的地方，因此可以借助儿童学习母语的方式去学习外语。

（一）语言和语言学习的观点

全身反应法认为，目标语的大部分语言结构以及数以百计的词汇项目都可以通过教师有技巧地使用祈使句来教授，因此刺激—反应是全身反应法的学习理论。全身反应法体现了以语法为基础的语言观和行为主义的语言学习观。由于在全身反应法中使用了语言和行动的结合，在语言学习层面上，它还与心理学中的记忆痕迹理论，降低忧虑、紧张有利于语言学习等观点有联系。

（二）教师的教学目的

教师希望使用全身反应法帮助学生在轻松自如的学习环境中掌握初步的听、说能力。在学生还不愿意或不敢参与"说"的训练的时候，教师不应强迫他们参与"说"的活动。这样一来，学生在学英语时就不会感到有太大的压力。

（三）主要的教学活动和特点

全身反应法主要的教学活动是发命令和对命令做出反应。教师向学生发命令，学生对发出的命令做出反应。例如，听到教师说"Everyone, touch your eyes."时，每个学生都去摸自己的眼睛；听到"Mary, run to the blackboard and write your name."时，玛丽会跑到黑板前写下自己的名字。教师在发命令时，会用恰当的语音语调并伴以姿势和面部表情，使人得到一种愉快的感受。在学生能理解命令和对命令做出正确反应的基础上，学生也可以模仿教师向其他学生发命令，其他学生也会对其命令做出反应。口头操练结束，学生开始学习阅读和书写。当然，阅读和书写的内容都是口头练习过的祈使句。

（四）能力培养的侧重点

全身反应法侧重培养学生的听、说能力，在语言方面则强调对语法结构和词汇的掌握。

（五）教学材料的设计

在编写教材时要特别注意两件事情：一是选择适合在课堂环境里使用的词汇和语法结构；二是选择学生容易学习和吸收的语言项目。如果发现一些项目（如语言结构、词汇等）不适合在课堂使用，学生也觉得难以掌握时，这些项目就应该在教材中取消。

（六）教师和学生的作用

在全身反应法的课堂里，一般来说，教师是命令的发出者，学生则是对命令做出反应的人。当一部分学生理解了命令并能向别的学生发出命令时，他们也可以成为命令的发出者。

（七）母语的作用

教师可以用母语来介绍全身反应法，但在教学中教师会全部使用英语。

（八）对待学生错误的态度

教师对学生的错误应采取容忍的态度，只纠正一些较大的错误。在纠正错误时也应注意方法，不应使学生感到有压力。

二、任务型教学法

任务型教学法是指在语言教学中使用"任务"作为教学核心单位的语言教学途径。它可视为交际法在教学方面的发展。

（一）语言和语言学习的观点

任务型教学法以多种语言模式作为其语言理论。任务型教学法的倡导者在研究任务及其分类时注意语言的结构、功能及互动模式，如在决定任务的语言复杂度时，要使用结构作标准并注意词块教学的问题。

任务型教学法的语言学习观点与交际法一样。此外，任务型教学法还有其学习原则，即任务能提供语言习得所需要的语言输入、输出及互动；任务活动能激发学生兴趣及动力；学习困难能通过协商来解决。

（二）教师的教学目的

任务型教学法的目的在于培养学生在语言使用活动中准确和有效地进行交际的能力，学生在完成任务的过程中获得使用语言进行互动的机会，依靠语言互动，学生能获取和理解语言输入，使用语言表述、交流。学生能在意义协商的过程中建构自己的语言系统。

（三）主要的教学活动和特点

尽管任务型教学法的倡导者在教学模式上没有统一的意见，但他们的教学中都包含两种活动类型：任务型活动和语言学习活动。

表2-1是两种教学模式在任务型活动和语言学习活动方面的比较。

表 2-1 两种教学模式的比较

活动种类	Willis 的教学模式	Nunan 的教学模式
任务型活动	在任务前阶段激活相关图式（背景知识）、已掌握的语言结构及词汇在任务中阶段分组进行真实性的交际活动，之后作准备并汇报结果	在建立图式步骤中激活相关背景知识、已掌握的语言结构及词汇进行更灵活的练习和真实性的交际活动
语言学习活动	在聚焦语言阶段使用增强意识活动，让学生在教师指导下分析和发现语言特点，之后设计练习让学生练习语言	使用控制性练习帮助学生掌握要学习的结构、词汇和功能，使用聚焦语言成分活动练习语言，结合具有真实情境的听力练习加深对语言成分在语境中使用情况的认识

从上表可以看出，两类活动的顺序可作灵活的安排。

（四）强调哪一方面能力的培养

在任务型教学活动中，学生使用目标语完成社会中出现的各类任务。在学习过程中，他们通过语言互动进行交际；在大量的听说读写活动中使用语言和语言运用策略交流，最终获得用目标语在社会活动中做事的能力。因此，可以说任务型教学法强调通过使用目标语互动达到培养交际能力的目的。

（五）教学材料的设计

由于任务型大纲在设计方面存在一定的争议，而相关的实证研究又欠缺，因此不同学者提出了不同的大纲设计思路，比如以话题为核心，以结构和功能项目为主线，组织和安排听、说、读、写活动，通过任务型活动和完成项目实现教学目标。

（六）教师和学生的作用

教师在任务型教学中要根据学生的需要、兴趣及语言学习水平选择、改编或编写好任务，并决定教学的顺序。从这个意义上来说，教师是任务的选择者和决定者。在引领学生进行活动时，教师还扮演着多重角色。教师要帮助学生激活背景知识，组织学生进行小组活动，安排学生汇报做任务的情况并评估学生的活动，给予学生学习方面的反馈。

在学习语言的过程中，教师是语言分析的引导者和语言项目操练的组织者。

在任务型教学中，学生是小组活动的参与者，活动的监控者、探险者和发明者。在参与活动的过程中，学生会观察自己和同学的表现，监控自己和别人语言和学习策略的使用情况，并尝试用最好的手段去解决问题。

（七）母语的作用

使用任务型教学法的目的在于培养学习者使用英语进行交际、做事的能力。因此，英语应是教学中唯一的语言，母语在教学中没有特别的作用，但在一定的场合，教师要解释一些问题时，如涉及两种文化的差异问题，是否应使用母语也值得我们去思考和尝试。

（八）对待学生错误的态度

在进行任务型活动的过程中，学生会在教师的指引下使用各种资源（语言和非语言手段）去完成任务。碰到困难是不奇怪的事，如不懂得"救护车"用英语怎样说，学生会用"car"去表达；不懂得"急救医护人员"用英语怎样说，学生会用"policemen"去代替，这时教师可用重述的手段"纠正"学生的用法。这种"纠正"的手段会在任务型语言教学中出现，但不应被视为"纠正错误"，而应被看作"意义磋商"和"聚焦形式"。

第三章 英语语言基础技能教学

第一节 英语听力教学

语言是有声的交际工具，人们要进行语言交际活动，就必须能够听懂对方讲的话，否则，交际就无法进行。在英语的五大基本技能——听、说、读、写、译中，听被放在了首位。听力在整个英语学习过程中起着重要作用，听力水平直接影响着整体英语水平的提高。听力对语调、语音、词汇等基础知识的要求很高，如果学生的基础知识不扎实，并且对英美文化的了解较少，就不能够从语言中提取自己需要的信息，在听力理解上也会有障碍。信息不仅仅是从语言结构中提取出来的，很大一部分也来自大脑中原有的信息。要想学好英语，提高听力水平，就必须对英语国家的历史文化、生活习惯和风土人情有一定的了解，避免理解障碍的出现。

语言与文化之间的关系密切，所有的语言都是在文化的基础上产生的，没有一种语言是凭空生成的。语言在反映一个国家、一定区域的文化的同时也会受到文化的影响。在英语教学中，文化因素已经成为对教学质量具有重大影响的因素，因此教师应当重视听力材料中的文化因素，帮助学生从单纯的声音依赖中走出来，增强理解能力和表达能力。

一、听力的教学内容

在英语教学中，听力教学是至关重要的一个方面，它不仅对学生英语语言能力的提高有重要影响，而且对学生综合素质的提升起着重要的作用。一般来说，英语听力教学主要包括以下三方面的内容。

（一）听力知识

听力知识是学生英语听力技能形成的基础，因此应当作为英语听力教学的重点。一般来说，听力知识包括语音知识、语用知识、文化知识以及策略知识等诸多方面。

语音知识教学是听力知识教学的一个重要方面。在现实的交际过程中，由于发音、语调、重读等因素的影响，同一个句子往往会产生不同的意义，从而表达出交际者不同的意图。在语音教学的过程中，教师要重点强调英语的发音、语调、连读、重读等知识，只有掌握了这些基础内容，学生才能够不断提升自身的语音识别能力和反应能力。除此以外，教师在语音教学时还要从听音、重读、意群等方面对学生进行训练，既可以从词、句方面进行训练，也可以从段落、语篇方面进行训练。经过一段时间的训练之后，学生就能够适应英语表达习惯，并在潜移默化中提升自身的英语思维能力，进而实现英语素养的整体提升。

语用知识教学可以有效地帮助学生理解语言的意义，提升学生的理解能力。文化知识教学可以帮助学生了解不同的文化背景知识，从而帮助学生进行有效的跨文化交际。策略知识教学可以引导学生根据具体的听力任务和听力材料选择有效的策略，进而增强学生听力练习的针对性。

（二）听力技能

在英语听力教学中，听力技能的作用很大，如果学生具备了较高的听力技能，就能较快地实现跨文化交际。一般来说，听力技能主要包括以下几个方面。

1.辨音能力

辨音能力包含多方面的内容，如音位的辨别、音质的辨别、意群的辨别、语调的辨别等。教师对学生进行辨音能力的训练，可以大大提升听力教学的有效性，也有助于学生听力理解能力的不断提升。

2.交际信息辨别能力

交际信息辨别能力的主要内容有新信息指示语、转换指示语、例证指示语。这一能力的训练，可以有效地提升听力教学的针对性与有效性，进而提升学生理解话语的效率。

3.细节理解能力

细节理解能力指的是从听力内容中获取具体信息的能力。细节理解能力的提升,可以有效地帮助学生在学习及考试中提升做题的准确率。

4.选择注意力

选择注意力指的是根据听力理解的目的和重点对信息焦点进行选择的能力。选择注意力的提升,可以帮助学生快速地从不同类型的听力材料中提取信息焦点。

5.大意理解能力

大意理解能力指的是理解谈话和独白的基本主题及主要意图的能力。这一能力的提升,可以有效地帮助学生从整体上把握话语的基本内容。

6.记笔记能力

记笔记能力指的是能够依据听力的要求选择笔记记录方式的能力。学生如果具备了良好的记笔记能力,就能够在很大程度上提升听力记忆的效果。

在听力技能的教学过程中,教师需要明确一点,即学生的听力水平并不是在短时间内就能够提升的,因此教师必须有计划、有步骤地对学生进行训练,并根据学生的实际情况制订科学的训练方案,这样才能取得良好的效果。

(三)听力理解

从根本上来说,无论是英语听力知识教学,还是英语听力技能教学,最终都服务于英语听力理解。同一语言由于交际者、使用目的等因素的影响往往会产生不同的意义,只有正确理解其中的意义,才能实现成功的交际。因此,听力理解教学便成为英语听力教学的重中之重,也成为难度较高的教学内容。听力理解教学的目的就在于使学生由对话语字面意义的理解上升为对内在意义的理解,从而实现学生英语综合能力的提升。一般来说,英语听力理解包括以下几个阶段:

1.辨认

辨认既包括语音的辨认、信息的辨认,也包括符号的辨认。虽然辨认在听力理解中处于最初的阶段,但它是最不容忽视的一个阶段,因为一旦学生不能有效地辨认自己所听到的内容,后面的几个阶段就根本无法展开,理解也就不存在了。

辨认有等级之分,一般来说,语音的辨认是最初级的辨认,而对说话人意图的辨认则是最高级的辨认。在训练学生的辨认能力时,教师可以综合采用多种方式进行,如正误辨认、句子排序等。

2.分析

在分析阶段，学生要把自己听到的内容转化到相应的问题中。分析能力的训练要求学生能够在话语中辨别出一定短语或者句型，进而对话语形成基本的理解。

3.重组

在重组阶段，学生应当能够用口头或书面方式把自己所听到的内容用自己的语言表达出来。

4.评价与应用

评价与应用是听力理解的最后一个阶段。在评价与应用阶段，学生需要在辨认、分析与重组的基础上，用自己的语言对所获取的信息进行评价与应用。教师在听力理解的教学过程中，可以通过多种方式对学生的能力进行训练，如讨论、辩论等。

二、听力的教学原则

英语听力教学应尽力让学生全方位、多层次地接触不同层面的英语。英语听力课与阅读课或写作课等有很大的不同，它要求学生充分运用自己的听觉器官，同时大脑要快速地运转来分析获取的信息，从而作出合理的判断。在练习英语听力的过程中，学生如果一直处于十分紧张的状态之中，就很有可能判断失误，从而降低听力学习的效果。教师可以引导学生通过具体的语言实践，了解和掌握各种文化背景知识。例如，通过影视作品、书本等了解说英语的人的说话习惯和交流方式，这样会提高学生的学习兴趣，使学生减少听力理解的障碍和失误。

（一）真实性原则

在英语听力教学中，教师应该保证教学任务设计或教学活动设计的真实性。具体而言，就是教师要明确听力教学应该在怎样的情景中发生。只有使语言与情景有效融合，才能实现交际的目的。如果脱离真实的情景，交际就很难顺利进行，语言知识与情景也很难融合在一起。教师应该从思想上意识到真实性原则在英语听力教学实施中的重要性，应该重视语言知识的情景性设计，鼓励学生不断适应新的情景，同时引导学生利用各种手段来理解语言知识情景。在此基础上，学生应该学会将自己学习的语言知识与新的情景有效融合，从而构建知识中有情景、情景中有知识的多元化体系。

需要强调的一点是，在英语教学中，绝对的真实情景并不容易实现，这里强调的真实并不是绝对的真实，而是要尽可能地与现实生活贴近，或尽可能地为学生提供真实的交际情景。

（二）信息差原则

信息差就是交际双方各自拥有的新信息。遵循英语听力教学的信息差原则必须以共享信息为基础。交际双方在共享信息的基础上，通过交流来获得各自所需要的新信息，这是交际双方交际的最终目的。在英语听力教学的过程中，教师应关注信息差，了解共享信息的基础作用，理解学生的交际需求，明确任务本身所要表达的意义或价值。

（三）互动性原则

语言教学需要互动性，英语教学也不例外。在英语听力教学实施过程中，也应该注重互动性。互动性强调师生双方在交际过程中应是双向的，无论是对话还是讨论都是互动性的。具体到日常生活交际，最为常见的交际方式也是双向的。在互动中必然有合作，也必然有交流。

需要指出的是，互动还需要一定的条件，如话语常规、人际关系、交际需求等，只有这样才能保证互动是有意义的。与此同时，在互动过程中，为了能够保证互动的顺利性和有效性，互动双方还应该选择不同的语言交际形式，互动的过程是交际双方互相了解对方的过程，也是满足交际需求的过程。互动能够使交际双方更好地认识、理解和使用语言。

在英语听力教学过程中，互动是语言输出的基础，是信息交流的前提，是意义协商的保障，教师应该充分发挥互动的作用，采用多种方式鼓励学生主动发言、主动交流、积极提问、主动辩论等，这有利于学生从中感受到互动的乐趣，激发学生学习英语的兴趣。此外，教师应该将互动性贯穿于听力教学的整个过程中，多布置一些具有互动性的任务，鼓励学生积极参与活动，从而使学生更好地完成任务。

三、听力的教学策略

听力教学的目标是使学生能够恰当、灵活地使用各种听力技巧，最大限度地提高学生的听力理解能力。但是在真正的听的实践中，学生可能遇到各种困难。为了应对真实的交际环境，学生要尽可能地理解所听到的内容，分辨出相关的信息，了解主要内容，而非逐字逐句地理解。多听可以得到更多的语音输入，而语音输入是语言习得的基础，是交际互动的必要条件之一。教师要培养学生根据不同的语境、输入的信息和目的来进行调整的能力，帮助学生掌握系统的听力策略。

（一）听前阶段

听前的准备阶段是英语听力训练的基础。

一方面，要选择合适的听力材料。听力材料的难度要根据学生的能力来确定，一般要与同步教材中的听力练习难度和语速差不多。如果所选听力材料过易，则不利于提高学生的听力水平；如果材料过难，则容易挫伤学生的积极性，使学生产生紧张感，从而影响听力水平的发挥。

另一方面，要制订适合的听力训练计划，按照由易到难的顺序，逐步提高学生的听力水平。计划目标应该是明确的、近期可达到的。

（二）听中阶段

根据处理信息输入的不同方法来分类，包括自上而下和自下而上两种方法。

自上而下的方法注重对材料的整体理解，包括抓主旨大意、预测、推理、总结等。教师应引导学生了解话题涉及的背景、上下文内容以及文章的类型和语言，在泛听时应抓住听力材料中一些标志性的词句，如材料的题目、每段的开头与结尾，以及文章结尾表明观点的陈述句。

当要确定材料的主题、作者的观点，或明确文章的结构时，可以采用自上而下的方法。自下而上的方法注重对词和句子的理解，包括听具体细节、辨识单词等。

教师还要使学生养成良好的习惯，良好的听力习惯对听力水平的提高至关重要。良好的听力习惯主要有三个：

一是边听边做笔记。学生不一定要记完整的单词，为了节省时间，可以记下自己能够理解的缩写符号，甚至是对应的中文。

二是有选择地听与听力目的和任务有关的词语和信息，根据常识或上下文的信息来推断所听材料的意思。

三是碰到生词或不懂的句子应学会跳过，继续往下听。有时候生词在整个谈话中可能并不太重要，错过了也不会影响对整个句子的理解。

（三）听后阶段

听后阶段的自我评估、自我反省和自我调整对听力效果的影响很大，听后活动是听前活动与听中活动的延伸。

教师可以引导学生对自己的学习效果进行自评，也可以引导学生互相进行评价。例如，通过让学生相互检查、安排小组讨论等方式来检查听力教学的效果。在这一过程中，教师要引导学生进行自我反思，及时找出自己的不足之处并分析原因，然后根据实际情况对学习过程中所采用的策略进行调整，从而达到提高听力水平的目的。

第二节 英语口语教学

口语是运用语言来表达思想、进行交际的一项技能。相较于书面语，口语是一种有声的语言，是语言输出的一种形式。口语与听力是密切相关的，是在听的基础上不断发展的。

一般而言，口语的发展主要经历了三个阶段：

（1）在说的动机下产生了言语的雏形；

（2）发现了内在语言的构成要素；

（3）经过语言逐渐向外在语言转换。

具体到英语这门语言，英语口语教学主要包含以下两个层面：

1.口语技能的传授

简单而言，口语技能就是口语的实际表达状态。口语技能的积累不断推动着说的能力的形成和发展。

在英语教学中，口语的技能主要包含以下几个方面：

（1）语音、语调是否正确；

（2）词汇运用是否贴切；

（3）语句结构是否与语言表达习惯相符；

（4）语言表达是否简单明了。

2.口语能力的提高

口语能力制约着口语技能。如果口语能力强，那么口语技能必然掌握得很牢固。

一、英语口语教学的内容

从信息加工的角度来看，口语表达是一个动态、双向的语言信息传递与交流的过程，它涉及口语信息发出者、口语信息和口语信息介绍三者之间的互动关系。在口语教学过程中，不仅要强调语言输出，还要注重语言输入和语言理解加工过程的培训。因为在口语交际过程中，任何信息都是建立在"可理解性"的基础之上的。说话者首先要接受对方所传递的信息并进行信息加工理解，然后才能输出对方可以理解的信息，其中涉及语音、语调、词汇意义、语用知识、文化及思维习惯等各方面的因素。

由于口语能力呈阶段性渐进发展，因此在不同阶段必须采用与其发展要求相适应的训练手段，通过训练培养学生的口语技能并逐渐发展学生的口语能力。口语教学过程可分为以下三个阶段：

1.强调语言的可理解性输入

这是学习者习得语言的重要时期，这一过程可以延伸到口语教学之外，英语学习者在学习英语课程以前的一切语言输入都可以作为这一阶段的外延。

2.强调语言的可理解性输出

在这一阶段，"对话练习""场景练习""主题演说""问题辩论"等口语教学的强化手段是教学的重点内容，这些练习方法为学生提供了构建口语能力的框架，学生通过"练习"和"构建"的反复循环过程建立自己的英语思维习惯，促进口语交际的发展。

3.语言的内化和提升

这一阶段仍然强调练习，但练习难度提高，目的是锻炼学习者口语交际的应变能力和实际操作能力，预测交际场中的未知困难并提供可解决的交际策略。高水平的英语口语交际应该具有本族的思维习惯，只有这样才能够灵活地运用英语语言环境中的交际策略，达到成功交际的目的，这也是英语口语教学的目标。

英语口语教学区别于其他英语教学环节，教师在教学中要注意口语的言语行为功能特点，即要向学生强调口语的言语行为功能——通过特定的语言表达特定的功能。

英语的言语行为功能主要包括问候、介绍、告辞、请求、致谢、赞美、祝贺、道歉、原谅、建议、同意与不同意、批准与不批准、承认与否认、同情、鼓励、申诉、劝说、允许、许诺，等等。口语的语体特点是英语口语教学区别于其他英语教学环节的主要因素，口语中较多地使用短语、并列从句、问答与祈使句，并且允许出现重复、停顿、补充、修正等策略。

口语教学强调口语受到年龄、性别、文化、情绪等因素的影响，因而英语口语教学不是单纯的语言领域的教与学的过程，而是一个包罗万象、涉及语言综合运用的教学过程集合体。

英语口语教学要重视学生的知识训练、知识重建、知识内化与知识外现过程。其中，培养学生的语言能力和交际能力是口语教学的首要任务。口语学习没有捷径，关键在于训练，这种训练需要自主意识的控制，因为这是一个以自我表达为核心的认知与实践的过程，外在的强化因素只能起到辅助作用。口语教学要兼顾学生的语言条件、思维方式、心理素质以及环境氛围等各方面的因素，在实际的口语教学中，要把以上因素纳入英语教学实践和课程内容设置中，要把解决这些问题作为英语口语教学不可缺少的内容。由此可见，英语口语教学并不是简单的语法传授，而是全面提升口语表达能力的教学过程。

二、英语口语教学的原则

（一）以理论为指导，以训练为主线

英语口语教学是一个以理论指导教学实践的过程。在此过程中，教师应积极学习系统的理论知识，不仅要了解课程标准的新要求和教材的新变化，还要认真研究教学对象的特点，包括学生的语言基础、语言学习能力、学习动机、心理障碍等。以理论为指导

的口语教学应以学生的口语训练而不是教师的讲解为主。学生的口语实践是课堂教学的主要内容。

（二）以学生为中心

英语口语训练本身就是一种双边活动训练。它的效果不仅离不开教师的组织和指导，还取决于学生的主观努力。在培养学生语言能力的实践中，主体是学生而不是教师。教师的作用是引导学生用正确的方法仔细观察和分析，并随时帮助和鼓励学生。除了必要的启发、提示、归纳和总结，教师还应学会保持"沉默"，减少"说"的时间，增加学生"说"的机会，克服固有的以教师为中心的教学思想，给学生足够的时间参与语言实践，从根本上确立以学生为中心的思想。

（三）课内带动课外，课外丰富课内

众所周知，要想真正提高学生的英语口语能力，不可能只依靠课堂学习，还需要坚持课外训练。课外活动的丰富和实践领域的广泛表达可以有效弥补课堂训练的不足、范围的局限和教学形式的单调，使课外活动成为课堂口语教学的实践、补充和发展。在二者结合的过程中，教师应处理好课外训练任务与监督检查的关系，同时要坚持课外活动多样化的原则，通过课堂与课外活动的结合，使学生的英语口语训练走上良性循环的轨道。

（四）训练检测与现代化教育技术手段相结合

英语口语教学的课堂效果评价和学生实际口语应用能力水平是教师在教学过程中必须掌握的重要方面。学生水平测试无疑是一种重要的信息反馈，是教学的一面镜子。它反映了教学的效果，是提高教学质量的可靠依据；它还能使学生正确了解自己的口语学习情况，鼓励和督促他们提高训练效果。为了获得积极可靠的反馈效果，教师必须运用先进的教育技术手段来达到令人满意的效果。

三、英语口语教学的方法

英语口语能力是现代社会人才必备的能力之一，提高学生的英语口语能力是英语课

程教学的重要目标。一般而言，英语口语探究教学是指英语教师利用现代教育手段与媒介，调用多种教学资源，以学生为中心，以教师为主导，以学生的自主学习为主要学习形式，辅以其他多种教学方法，指导学生以自我探索与自我研究的方式掌握口语技能的教学过程。

在口语教学过程中，无论采用哪种方法，部分学生在交流时都会表现得很紧张。原因是有些学生性格内敛，还有些学生则是因为害怕犯错被人嘲笑而胆怯。对于教师的提问，一些学生只是简单地用"I don't know."来敷衍，以保护自己，形成一种抑制心理。针对这种情况，教师应该培养学生表达的勇气和习惯，让学生在重复中不断纠正错误，使学生跨越心理障碍，积极参与课堂交流。

同样，外教的口语教学之所以受到学生的欢迎和赞赏，是因为他们可以在课堂上熟练地教授语言和传递文化。他们真实的语言表达，流利的英语口语，幽默、生动的肢体语言也为课堂营造了和谐、轻松的氛围，消除了学生因语言能力差而产生的紧张和恐惧，增强了自信心。

因此，教师应该有意识、有目的地发挥情感教学的作用。经常观察和协调各种心理因素之间的关系，时刻注意帮助学生建立自信，克服自卑感，激发和诱导学生踊跃发言，避免各种形式的负面暗示。

此外，教给学生一些交际中的小技巧也可以帮助他们摆脱紧张和尴尬。

第一，当在交际中遇到一些不清楚的词语或事情时，可以直接要求交际对象解释。这不仅可以使交流顺利进行，避免紧张，还可以通过交流活动学习新知识。

第二，在交流中，当遇到自己不熟悉或不理解的话题时，可以主动回避，转而谈论自己熟悉的事情或话题，从而避免交流中可能出现的紧张心理。

第三，学习外国人在交流中常用的手势和语调，以及赞同或否定的习惯表达。例如，当在交流中遇到困难而不能流畅表达时，可以用一些常用词来表达犹豫，给自己更多的时间考虑。

尽管人们对如何教学生英语口语有不同的理论和观点，但无论采用哪种理论作为课堂英语口语教学的指导，教师都必须充分发挥情感教学的作用，消除学生紧张、怯懦、畏难等消极心理因素，培养学生良好的交际心理素质，具体可采用以下方法：

（一）激发学生学习动机，培养口语学习兴趣

为了让学生在口语学习中保持积极的情绪和饱满的热情，提高学习效率，英语教师

应该注意培养和调动学生的学习兴趣，因为兴趣是最好的老师。

首先，教师可以通过调整教学手段激活课堂气氛，还可以在参与英语活动的过程中开展丰富多彩的第二课堂活动，激发学生学习口语的兴趣。同时，教师也要从分析英语口语的重要性、激发学生的个人兴趣入手，引起学生对英语口语学习的重视，使对英语口语不感兴趣的学生逐渐转变观念，变被动学习为主动学习。

其次，要灵活运用多媒体等现代教学手段，营造轻松和谐的氛围，努力消除学生的恐惧、厌恶等心理障碍。这样做的好处是不仅能激发学生的兴趣，而且能为学生将来准确、恰当地交流打下良好的基础。

再次，激发学生主动参与课堂交际活动的欲望，使学生不断获得成就感，增强其学习的自信心，这也是非常重要的。从主观上讲，大多数学生对英语口语表达有着较高的热情，他们希望在短期内能够提高口语表达能力。然而，口语学习不可能一蹴而就，需要下功夫勤学苦练。在学习中，学生势必会遇到困难和挫折，因此教师帮助他们保持好学习口语的热情和信心是十分必要的。因此，在口语训练活动的安排上，教师应该遵循由浅入深、由易到难的原则，从学生比较熟悉和感兴趣的话题谈起，先不急于让学生去说，而是尽量引导他们主动讲话，诱发他们用英语交流的欲望。如果学生感觉到他们不是被动地接受任务，而是积极地参与交流活动，其学习的信心势必会增强。

最后，为了吸引学生积极参与课堂交际活动，教师应注意学练活动的多样性和趣味性，寓教于乐。在非目标语环境下的语言学习不是一件轻而易举的事，单一枯燥的学练活动会令人感到厌烦。因此，教师要发挥主导作用，组织丰富多彩的教学或练习活动，提高课堂的凝聚力，使学生学有所乐、学有所得，这样学生学习的兴趣和信心才能长久保持。此外，教师还应该时刻鼓励学生，让他们充满成就感，感到自己在不断进步。因为成就感会进一步激发学生的学习动机和热情。这就要求教师要全面了解学生的情况，对他们的平均水平作出正确的评估，以便确定适宜而且切实可行的学练活动。因为难度过大的教学或练习活动会使学生感到目标遥不可及，有挫败感，在某种程度上会影响其自信心，使其学习积极性降低。

（二）发挥学生主体性，创设以学生为中心的教学局面

教学活动是一种双向的活动。英语教学的本质是交际，它是通过师生之间的交流活动，使学生掌握英语，进而形成使用英语的能力。课堂学习是学生获得知识、培养能力的主要途径。课堂教学是教师培养学生的主要手段，是英语教学的主要阵地，是加强学

生口语训练的主要渠道。因此，上好每一节课是教学双方的共同愿望。那么，作为课堂口语活动主导者的教师如何才能实现这一共同愿望呢？要想学好口语，学生的内在因素起决定性作用，而课堂教学则要以学生为中心。

教师要想搞好教学，提高教学质量，达到预期的教学目的，就必须了解学生在教学过程中的心理活动。有人把课堂上的教师和学生比作演员与观众，认为在课堂上教师就得像演员一样通过自己的表演来吸引学生。在这方面，虽然不同的教师有不同的经验和观点，但每一位成功的教师都必须具有强大的魅力、渊博的知识、正确的思想、规范的言行，以及灵活生动的教学方法来吸引学生，使学生能够愉快地参与课堂教学活动。

在英语口语教学过程中，教师应该充分认识到学生正处于心理发展的关键时刻，他们的学习状态很容易受到情感因素的影响，学生对教师的情感可以直接影响甚至决定他们的学习态度和效果。因此，教师应利用学生的心理特点，努力克服情感因素对学生的负面影响，从根本上提高自身素质和个人魅力。

（三）提高学生文化素养，营造良好的口语练习氛围及环境

教好一门外语的首要条件是让学生尽可能多地接触和使用这门外语，因为语言环境是快速有效地提高外语水平的重要条件。英语口语学习经历了一个从易到难、从注重强化练习到注重自由交流和表达练习的渐进过程。英语口语是一套语言习惯。从人们早上见面时所用的问候语、人们的电话交谈到对社会热点话题和内容的评论，都有相对固定的句型和表达方式。学生需要反复练习，直到熟练掌握并且能够准确地使用。虽然在中国的外国人很多，但学生通过与外国人交流学习英语的机会并不多，他们没有良好的语言环境。没有语言环境，就要创造语言环境。创造语言环境就是人为地创造有利于语言学习的条件和氛围，比如举办英语角、举办英语晚会、用英语表演节目等。

此外，教师还应积极组织学生创造第二课堂语言环境，使英语口语训练的方式更多样；举办各种形式的课外活动，为学生最大限度地模仿和练习英语创造环境。如采用成立英语俱乐部、定期举办英语演讲比赛等形式，积极倡导学生开展校园口语活动，使英语真正成为学生的交流工具。英语口语能力不是教师教的，而是学习者自己主动创造环境和机会，开口实践出来的。

第三节　英语阅读教学

一、英语阅读教学的目标

（一）基础目标

英语阅读教学的基础目标有以下几点：
（1）能基本读懂语言难度中等的英语报刊文章和其他英语材料；
（2）能借助词典阅读英语教材和生活中见到的应用文和简单的专业资料，掌握中心大意，理解主要事实和有关细节；
（3）能根据阅读目的的不同和阅读材料的难易，适当调整阅读速度和方法；
（4）能运用基本的阅读技巧。

（二）提高目标

英语阅读教学的提高目标有：
（1）能基本读懂公开发表在英语报刊上的一般性题材的文章；
（2）能阅读部分综述性文献，或说明书、操作手册等材料，理解中心大意、关键信息以及文章的篇章结构、隐含意义等；
（3）能较好地运用快速阅读技巧阅读篇幅较长、难度中等的材料；
（4）能较好地运用常用的阅读策略。

（三）发展目标

英语阅读教学的发展目标体现在以下方面：
（1）能读懂有一定难度的文章，理解主旨大意及细节；
（2）能比较顺利地阅读公开发表在英语报刊上的文章，以及英语文献和资料，较

好地理解其中的逻辑结构和隐含意义等;

(3) 能对不同阅读材料的内容进行综合分析,形成自己的理解和认识;

(4) 能恰当地运用阅读技巧。

二、英语阅读教学的内容

无论哪种教学,教学内容都必须以教学目的为出发点。英语阅读教学的目的在于培养学生的阅读能力,使学生能够通过阅读英语材料获取信息。基于这一目的,英语阅读教学应包括以下内容:

(1) 辨认语言符号,猜测陌生词语的意思和用法;

(2) 理解概念及文章的隐含意义;

(3) 理解句子言语的交际意义及句子之间的关系,通过衔接词理解文章各部分之间的关系;

(4) 辨认语篇指示词语,确定语篇的主要观点或主要信息;

(5) 从支撑细节中理解主题;

(6) 总结语篇的主要信息;

(7) 培养基本的推理技巧;

(8) 培养跳读技巧;

(9) 将信息图表化。

三、英语阅读教学的特点

(一) 内容的特点

英语教材中的阅读篇章几乎包括了各种文体,具有多样性的特点,其多样性表现为以下几点:

(1) 文章涉及多个领域,如语言、文学、政治、经济、科技等;

(2) 体裁多样,有说明文、记叙文、议论文等;

(3) 语域的多样性,所选文章既有书面体文章,也有口语化乃至俚语化的文章。

总体而言，英语阅读的内容具有篇幅长、生词多、句法多样化、思想深刻等特点。

（二）方式的特点

英语阅读方式一般分为精读、泛读和略读。

1. 精读

精读要求学生毫无遗漏地仔细阅读全部语言材料，并获得对整篇文章深刻而全面的理解。在精读阅读材料时，学生应对每篇文章的词汇、语法、句型及注释仔细领会。

2. 泛读

泛读也可称为普通阅读，要求学生读懂全文，对全文的主旨大意、主要思想及作者的观点有明确的了解。对全文只做一般性的推理、归纳和总结，无须研究细节问题和探讨语法问题，但要求阅读速度是精读速度的两倍。

3. 略读

略读是一种浏览性的阅读，指学生以他能达到的最快速度浏览阅读材料，无须通读全文，只是跳跃式地阅读主要部分。主要部分一般指第一段、最后一段及中间衔接段。第一段一般是全文的概述，最后一段是归纳总结，中间衔接段一般为体现上下文关系的段落。略读的目的是获取全文的中心思想和主要内容。一般来说，略读的速度应是泛读速度的两倍。

四、英语阅读教学的原则

不同的教师、不同的教学条件和环境、不同的学生、不同的教学目的以及其他与英语教学相关的方方面面，反映在英语阅读教学上，就会出现各种各样的阅读教学活动。

阅读理解过程实际上是一个错综复杂的由宏观到微观、由微观到宏观的双向互动、互相补充的过程。把阅读技巧与阅读理解看成可能相互对立的两个方面似乎没有必要，因为阅读技巧与阅读理解的关系是手段与目的的关系，彼此绝无对立可言。在英语阅读教学中，教师若过多地注意阅读技巧，可能会忽略最终的教学目标。学生在其母语习得过程中就已经完全掌握了一般的阅读技巧，而这种存在于母语意识中的阅读技巧必然会自动转化为英语阅读技巧。因此，教师在英语阅读训练中过多地关注阅读技巧，可以说是对学生学习资源的一种浪费。虽然英语属于印欧语系，汉语属于汉藏语系，两种语言在很多方面迥然不同,但是人类进行语言理解的内在规律是相通的,因为语言运动在本质上不是语言形态本身的运动,而是人类心智运动在语言形态上的体现。根据上述分析,为了达到英语阅读教学的目标,保证阅读教学的有效开展,教师在阅读教学过程中要遵循以下原则。

(一)兴趣激发原则

学生对阅读产生浓厚的兴趣是阅读教学成功的关键,有了兴趣,学生才能积极、主动地学习。教师要注意教学内容的适当变换和教学形式、教学手段的多样化,尽量避免枯燥乏味的教学活动,从而激发学生的阅读兴趣,使学生学会阅读、主动阅读、乐于阅读。

(二)真实性原则

语言教学的基本原则在于强调语言的交际性,而交际性首先来自语言的真实性。因此,在阅读教学中要特别注意真实性。阅读教学的真实性包括三层含义:

1.阅读材料的真实性

阅读材料的选择要考虑学生在日常生活中的交际需要,从现实生活中选择体裁多样、适合学生的语言水平、学生喜闻乐见的阅读材料。

2.阅读目的的真实性

在真正的交际过程中,阅读活动总是有一定目的的。人们阅读可能是为了获取信息或者检验自己已有的知识,可能是为了批评作者的思想或者写作的风格,也可能单纯为了打发时间。阅读目的不同,运用的阅读方法也就不同。在具体的阅读教学活动中,阅读的目的性主要体现在教学方法上,应根据目的的不同采用相应的教学方法。另外,阅读的目的性还体现在练习的设计上,要通过阅读练习帮助学生达到阅读目的。

3.阅读方法的真实性

学生要根据自己的阅读目的、文章的体裁等选择适当的阅读方式。教师如果重语言、轻理解,把阅读教学的大部分精力放在语言知识的讲解上,就违反了阅读的一般规律,这是阅读教学失败的一个重要原因。教师在阅读教学中一定要明确阅读课堂教学的目的,让学生真正参与阅读实践,亲身体验阅读过程,杜绝教师替学生读的现象。教师一旦剥夺了学生亲自进行阅读理解、分析判断、推理对比、评价总结的权利,就很难在短时间内提高学生的阅读能力。

(三) 层层设问原则

层层设问原则主要是指教师在阅读教学中提出的问题应具有层次性，一环扣一环，逐步揭示文章的主题。学生要根据教师提出的问题，想方设法化难为易，在解决问题的过程中掌握所学知识，逐步理解文章的内容，提高自己的阅读能力。

(四) 积极性原则

阅读是一种积极主动的创造性行为，是学生根据自己已有的信息、知识和经验对语篇进行筛选、分类和解释的过程，也是学生通过语篇与作者相互作用的交际行为。学生的心理状态对阅读有重要的影响。决定学生阅读心理状态的具体因素包括阅读目的、阅读兴趣、阅读的必要性、阅读的积极性等，可以概括地用"强制性的强度"来表示。强制性强的阅读活动往往目的不明确或学生缺乏兴趣、积极性差，属于被动阅读；强制性弱的阅读活动则往往被学生所喜爱，属于主动阅读。在实践中，前一种阅读比后一种阅读更难进行，或者说难度更大。例如，同样的阅读材料，在学生平时的学习中难度一般，但放在考试中学生可能会觉得难度有所增加，若放在和毕业、出国深造等有关的考试中就会显得难度更大。教师要想提高学生阅读的积极性，要从以下几个方面入手：

(1) 选择学生感兴趣的、难度适中的文章；

(2) 开展生动有趣的课堂活动；

(3) 及时看到学生的进步，多鼓励和表扬学生。

(五) 循序渐进、因材施教原则

阅读教学目标的完成不是一蹴而就的，它是一个循序渐进的过程，需要合理的总体设计和长远的规划。教师应该在材料选择、任务确定、阅读方法以及阅读教学的反馈等诸多方面进行全面、细致的考虑，并鼓励学生寻找适合自己的阅读方法，积极引导学生采用合适的阅读方法去完成既定的阅读任务。

由于学生之间存在能力差异，所以学生阅读的进程会有所不同。因此，教师应注意满足不同水平的学生的特殊需要，使每个学生的阅读技能都能有所提高。例如，有的学生阅读成绩不佳、学习兴趣不高，对于这类学生，教师可以先给他们提供简单的阅读材料，然后逐步增加阅读材料的难度，让他们看到自己的点滴进步；教师还要经常表扬和鼓励学生，帮助他们树立战胜困难的决心和取得进步的信心。有的学生基础好、学习兴趣浓厚，课堂上的阅读常常满足不了他们的阅读欲望，针对这类学生，教师应向他们介绍和推荐世界名著，布置一些富有挑战性的阅读任务，以满足其阅读需求。

总之，教师应认真分析每个学生的特点，并对学生进行分类，在教学中有意识地对不同的学生提出不同的要求，采取不同的教学方法，从而做到循序渐进、因材施教。

（六）速度调节原则

阅读速度不等于理解能力，有的人阅读速度快，可是理解能力差；而有的人阅读速度慢，理解能力却很强。教师应根据教学的进程给学生设置不同的阅读速度。在阅读教学进行之初，教师可以让学生放慢阅读速度，对材料进行有效的理解。放慢阅读速度有时也是一种需要，例如，对于诗歌、散文、小说等，应该细细地品读。但随着学生词汇量的增加，语义、句法知识的丰富，语感的增强和阅读技能的提高，阅读速度亦随之加快，这个阶段教师就应该进行相应的限时训练，提升训练的强度。可以说，速度调节原则就是要求教师在阅读教学过程中做到张弛有度，根据不同阶段的教学目标对学生的阅读速度进行相应的调整。

五、英语阅读教学的方法

（一）选择适当的教学模式

英语阅读教学模式有三种：自下而上模式、自上而下模式和交互作用模式。由于第一种和第二种都有其局限性，所以一般以采用交互作用模式为佳。尽管很多研究都认为自下而上模式应该受到重视（造成学生阅读困难的主要原因是其对词汇掌握得不好），但如果阅读教学太注重词汇的训练，则会减弱学生对阅读的兴趣，因为在阅读中令学生感兴趣的不是故事中的词语，而是故事本身（包括其中的人物、事件，以及蕴含的哲理、观点和想象）和故事的知识性、趣味性等。所以，英语阅读教学所应采取的模式应以交互作用模式为主，自上而下模式和自下而上模式为辅。

（二）尽早开展阅读教学

学生可阅读的内容很多，可以是一个单词、一个短语、一句话，也可以是一个完整的语篇；可以是只言片语，也可以是长篇大论；可以是独白，也可以是对话；可以是诗歌、散文，也可以是小说、评论等。从学生看到英语字母的那刻起，阅读就已经开始了。

因此，教师应尽早开展阅读教学。有相当一部分的研究发现，在一年级阅读能力低下的学生，其阅读能力将持续低下，开始学英语时所犯的错误可能会导致其永久的低效阅读，也就不可能养成流畅阅读的习惯。所以教师应尽早采取预防学生低效阅读的措施，在学生开始学英语时就应向其传授阅读技巧和阅读策略。

（三）采用三段教学步骤

阅读教学的开展应包括读前活动、阅读活动、读后活动三个阶段。这种方法被称作整体阅读，它的目的是把精读与泛读融合在一起，并且在一篇教学材料中进行语言技巧与阅读技巧的训练。

读前活动是阅读的导入阶段。此阶段主要的任务有两个，一是背景知识的激活，二是提前学习新词。教师应根据学生和阅读材料的具体情况选择适当的操作方式。开展读前活动的主要目的是激发学生阅读的动机，激活和提供必要的背景知识，引出话题，为进一步阅读消除理解上的语言障碍。

阅读活动阶段以学生阅读为主。为了保证阅读的有效性，教师必须向学生交代清楚阅读的任务。该阶段所设计的活动应以训练学生的阅读技能为目标，具体可采用如下方式：

（1）了解文章的大意；

（2）捕捉具体信息；

（3）将信息图表化；

（4）记录文章的要点或具体信息；

（5）概括文章的结构；

（6）回答事实性问题；

（7）回答推理性问题；

（8）将事件排序；

（9）根据上下文推测词义；

（10）理解文中的复指现象。

读后活动阶段的目的有两个，一是根据阅读内容开展各种思维活动，二是鼓励学生将所阅读的内容与自己的经历、知识、兴趣和观点相联系。

读后活动具体包括：

（1）对阅读质量的检查评估，可通过提问、书面检查等形式进行评估；

（2）对学生在阅读过程中的表现进行评估，如通过学生自我汇报的方式进行评估；

（3）对策略使用的评估，如组织学生就自己的阅读方式进行讨论，也可以通过问卷和写读书笔记的方式进行评估；

（4）依据所阅读的材料进行口头或笔头的练习，如角色扮演、大意复述、采访活动等；

（5）将阅读信息与材料外的信息相连，如换角色讲故事、介绍自己类似的经历、模仿写作等。

（四）培养流畅阅读的习惯

流畅阅读指快速的、有目的的、交互的、理解性的、灵活的阅读。它是学生通过长期的努力得到的结果。从某种意义上讲，阅读教学的目的就是培养学生流畅阅读的习惯。

在流畅阅读训练中，教师应从以下几个方面入手：

（1）鼓励学生每天阅读新故事，并且回读读过的故事；

（2）逐步增加阅读材料的难度；

（3）将阅读信息与学生感兴趣的其他事件相联系，组织学生进行讨论；

（4）无论是阅读故事性材料还是阅读知识性材料，都要鼓励学生反思并示范理解策略，为学生提供指导性的帮助；

（5）训练学生跳读和略读的阅读技能；

（6）训练学生根据上下文猜测词义的技巧；

（7）帮助学生确定阅读目标，选择适当的阅读策略；

（8）训练学生处理各种疑难句法、词语和组织结构的能力；

（9）大量、反复地训练学生单词解码的自主性。

第四节　英语写作教学

英语写作是包括思想观点、内心感受和习作技巧等多种因素在内的一种复杂的脑力劳动,是从具体思维到抽象思维的一个复杂流程,既有具体的写作行为过程,又有内在的心理活动。完整的英语写作过程不仅涉及个人心理,也涉及社会交际目的,是一系列个人与社会相互作用的复杂程序。为了实现教学目标,英语写作教学模式的恰当选择和开发需要综合考量。教师要立足于实际情况,对英语写作教学内容进行适当调整。此外,英语写作教学的整个过程要兼顾系统性和实践性原则,做到系统性和实践性既相对独立又和谐统一。

一、英语写作的教学内容

(一)结构

1.谋篇布局

和中文写作一样,英语写作开始前也要考虑文章的布局结构。结构是作文的框架,谋篇布局时需要考虑作文的体裁和题材,然后选择合适的结构布局,这有利于写作顺利开展。不同体裁和题材的文章常常有诸多方面的差异,如主题句、扩展句以及结论句都有着不同的作用。以议论文为例,其中的主题句通常是对作者所认同的某一种观点进行陈述;扩展句则是根据议论文的展开顺序对细节进行扩展并进一步阐述原因;结论句则是对全文的论点进行重述和总结。而在说明文当中,主题句的主要作用是介绍写作的主题;扩展句则是根据一定的顺序展开细节,对主题进行详细的说明;结论句则是对文章的细节进行概述,并重述文章的主题。

2.和谐连贯

文章的叙述需要前后一致、内容连贯。和谐连贯的文章可以让叙事更具逻辑性,能够使文章内容紧凑、衔接顺畅。在日常的英语教学过程中,教师应该注重培养学生使用关联词和过渡句,增强文章的连贯性。

3.完整统一

完整统一是一篇优秀的文章应当具备的重要特点之一。所谓完整统一,是指文章中所展开的各种细节都是为全文的主题而服务的,无论是描述的事实、阐述的原因还是列举的实例都必须同主题密切相关,不能背离主题。在写作过程中,一旦发现有偏离主题的语句,就必须在保证文章完整性的基础上进行删除,使文章保持完整统一。在日常的英语写作训练过程中,教师应当特别重视学生完整统一意识的培养与训练。例如,如果学生的作文内容中有多余的段落，那么教师可以指导学生进行删减，并说明原因；教师也可以开展专题训练，设置一些同主题不相关的段落或语句，让学生在分析、修改的过程中不断增强完整统一的意识。

（二）技巧

写作技巧的使用有助于提高文章的整体质量。在英语写作教学过程中，教师应该注重学生写作技巧的训练，针对不同的阶段传授不同的写作技巧。例如，在写作前，要注意先审题，根据题目要求确定写作体裁和写作方法；在写作时，可以运用因果法、分类法、空间顺序法等来阐明主题。

（三）句式

句式对于英语写作而言也是至关重要的。英语语言系统当中存在很多种句式，如疑问句、强调句、倒装句等，每种句式的表现形式都不相同。因此，在文章中使用多种句式能够提高文章的整体质量。在日常的英语写作教学过程当中，教师应该训练学生使用不同的句式写英语作文，提高学生英语作文的质量。

（四）选词

选词对英语写作也有重要影响，能够在很大程度上体现学生个人的写作风格和写作爱好。词汇有表层意义，也有深层意义。如果没有对词汇进行深刻的了解，选择了不恰当的词，就会影响到文章的整体效果。因此，教师在英语写作教学的过程中，也应该注重词汇的讲解和选择，使学生注意区分词的褒义和贬义、词的概括义和具体义等。

（五）拼写与符号

拼写与符号主要指的是单词的拼写以及标点符号的运用，对英语文章写作有一定程度的影响。作为英语写作教学的重要内容之一，拼写与符号教学同样应当引起教师的重视。在设计教学内容和教学方式时，教师应当充分考虑拼写与符号的训练，以不断巩固学生的基础知识，从而有效地提升学生的写作能力。

二、英语写作教学的原则

（一）循序渐进原则

英语写作能力的提高并非一蹴而就的。学生要想提高自己的英语写作能力，必须由浅入深、由简到繁、由易到难，循序渐进地进行训练。

所谓循序渐进，在英语写作教学中主要有两层含义：第一，从语言本身来看，写作训练要从写句子开始，然后到段落，最后是语篇；第二，从训练活动来看，所训练的技能也要遵循由易到难的原则。

写作训练活动可分为获得技能性活动和使用技能性活动两种。

获得技能性活动的重点在于使学生理解语言组织的方式，主要包括两种类型：一是抄写，二是简单写作。抄写时，要求学生根据学到的语言材料，模仿重写，其重点在于拼写规则、标点符号、语法一致等。简单写作要求学生围绕某一语法要点进行各种写作活动，其重点在于巩固学生的语法知识。

使用技能性活动的重点在于使学生能使用语言进行交际，目的是培养学生语言使用的灵活性和创造性，该活动主要包括两种类型：一是灵活性训练，二是表达性写作。灵活性训练要求学生按照一定的要求进行写作练习，如句型转换、合并句子、扩展句子、润色句子等。表达性写作要求学生进行符合现实需要的写作练习。

上述活动基本上是按照由易到难的顺序编排的，教师要根据学生的实际情况，包括其所处的学习阶段以及实际水平进行指导，安排写作活动。

（二）任务性原则

传统写作教学的缺陷是语言脱离语境，导致学生能准确地认识语言形式，但不能用这些形式得体而完整地表达意义。而任务性原则是让学生完成一系列的任务，在执行任务中充分感受语言形式和语言功能的关系，实现教学目标。好的写作任务不仅能够激发学生表达思想的欲望，使学生有内容可写，而且能够有效地拓展学生的语言能力，如增加词汇量、学会新句型。此外，把写作与学生的实际任务需求联系起来，如让学生写求职信、邀请函、个人简历等与其现在或未来生活、工作有关的内容，就可以让学生体会英语的实用性，激发学生参与的热情，开发学生的潜能，进而发挥学生的创造性。

(三）综合性原则

语言学习是一个系统工程，写作只是其中的一部分，虽然听、说、读、写各有自己的特点，但是它们在本质上是相互依赖、相互促进的关系。通过阅读范文，学生可以获取一系列的写作资源，如语言、观点、篇章结构等，能在一定程度上减轻学生的写作负担。写、说结合，把说当作写的基础，把写当作说的发展；还可以听、写结合，把听作为输入的方式来获取写的内容，以写来反映听的结果。在教学中，听、说、读、写紧密结合，不仅可以对学生进行多元化的能力训练，还能使学生的各项能力相辅相成、相互促进。除此之外，该原则还包括教师应综合各种教学方法（或模式）的长处，以此来提高写作教学的效果。

（四）多样性原则

写作教学的多样性既指写作训练形式的多样化，又指采用不同句型结构，丰富学生的表达手段。在写作教学中，教师应该让学生进行一些缩写、仿写、扩写、改写等练习，让他们逐步掌握写作的技巧。

缩写可以按照"关键词—思考—讨论—复述—动笔"这样的思路进行，将文章中的关键词串起来，然后写出文章的主题或中心思想。

仿写可以让学生先观察、再模仿，然后自主写作，进而达到熟练的程度。

扩写有助于培养学生的想象力，但要求学生想象合理，做到符合原意和实际要求。教材中的很多对话都可以成为改写的素材，这不仅有助于学生研读原文，更有助于学生把握文章的中心思想。

每种练习形式各有特点，只有多做练习，学生的写作水平才能真正得到提高。另外，英语具有丰富的表现手段，同一意义可以用不同的句型来表达。在写作教学过程中，教师引导学生学习使用不同的句型结构来表达同一意思，是指导学生进行写作训练的重要途径。这样既可以弥补学生在语言知识上的不足，又能启迪学生的思维，使他们把知识变成技能，灵活运用语言。

（五）情感性原则

情感因素在学生学习英语的过程中起着至关重要的作用。情感因素影响了学生学习英语的热情。在进行写作教学时，教师要充分培养和激发学生对写作的积极情感，鼓励学生先写，再修改完善，消除他们对写作的恐惧感，使他们建立和提高写作的信心，让学生在写作中享受能写、会写的成就感。为此，教师在写作教学中要设置学生能够完成的、有话可写的任务，培养学生的英语写作能力。另外，教师也可以通过小组讨论、同伴反馈等方式降低写作的难度，坚持以正面评价为主，并在必要时指出需要改进之处。在整个教学过程中，教师要尊重学生的主体性，以学生为中心开展写作教学，引导学生积极参与写作。

三、英语写作教学的方法

（一）结果教学法

结果教学法以行为主义理论为依据，注重语言技能的掌握和语言知识的运用，强调语言的准确性、段落的合理性和结构的完整性。结果教学法要求教师集中讲解范文的结构特点、修辞特征和语言特点。

结果教学法的一般过程可以归纳为以下几点：

第一，教师选取一篇典型范文，介绍修辞特点、语言特点和篇章结构，让学生熟悉范文的基本结构。

第二，教师要求学生对范文中的相关常见句式进行替换练习。学生在教师的指导下逐渐由句式练习过渡到段落写作。

第三，教师根据已经讲解过的范文篇章结构和修辞方法指定课后写作作业，根据学生的需要和实际水平提供写作作业的提纲，学生模仿范文尝试写出相似类型的文章。

第四，学生熟练地掌握各项写作技能，可以自如地进行创作。

结果教学法虽然能够在整体上把握文章的写作方向，但也存在以下缺点：

第一，教师不能及时发现并改正问题。

第二，评估手段单一，教师的注意力集中在拼写和语法错误上，忽略了更深层次的问题。

第三，教师只能发现一般问题，导致学生的同类错误还会不断出现。

第四，学生处于被动的地位，主观能动性很难得到充分发挥。

（二）过程教学法

过程教学法认为写作是一个交流沟通的过程，在写作过程中要以学生为中心，发挥学生的主观能动性，注重发展学生的思维能力和交际能力，提倡学生之间的合作与交流，不断提高学生的写作水平；

过程教学法倡导创造性思维在写作中的主导作用，注重提高学生的语篇分析能力和逻辑思维能力，强调学生要独立思考、积极探索，灵活运用语言知识进行创作；

过程教学法强调写作的根本任务是培养实际交际能力，写作教学的范围和内容得以极大扩展，包括语言知识、语义理解、篇章结构、社会文化、读者心理等方面，这些教学内容对提高学生的实际交际能力具有很大作用。

这种教学法的一般过程包括提前构思、形成初稿、进行互评、修改完善、最后定稿。

过程教学法的缺点在于：注重过程，需要的时间比较长；由于语言水平的限制，学生之间的反馈有时难以达到预期效果。

（三）体裁教学法

体裁教学法是建立在语篇体裁分析的基础上，将体裁和题材分析理论运用于教学中，围绕语篇的图式结构展开教学的方法。

体裁教学法认为写作教学要培养学生的体裁意识，提高学生对与体裁密切相关的修辞结构和语言特征的认识。

体裁教学法的教学目的有以下几个方面：

第一，引导学生掌握不同体裁语篇的交际目的、语言使用策略和篇章结构；

第二，提醒学生注意语篇背后的社会因素、文化因素和心理因素；

第三，让学生认识到语篇不仅是一种语言构建，还是一种社会意义构建；

第四，引导学生掌握语篇的图式结构，同时了解语篇的构建过程，从而帮助学生理解或撰写某一体裁的语篇。

体裁教学法的不足之处在于：

第一，由于课堂教学时间有限，只能安排个别学生在教师的指导和监督下完成体裁分析的所有教学步骤，其他学生只能在课后自主完成教师提出的相关要求，使教师不能了解每个学生对语篇进行体裁分析的过程和效果；

第二，由于体裁的种类繁多，有限的课堂教学时间和语篇范文数量难以涵盖所有的体裁形式，学生只能参照教师提供的典型范文进行模仿写作，容易造成文章的写作风格类似，固化学生的思维方式。

第五节　英语翻译教学

一、英语翻译教学的目标和内容

（一）英语翻译教学的目标

1.基础目标

（1）能借助词典对题材熟悉、结构清晰、语言难度较低的文章进行英汉互译，译文基本准确，无重大的理解和语言表达错误；

（2）能有限地运用翻译技巧。

2.提高目标

（1）能摘译题材熟悉、语言难度一般的文献资料；

（2）能借助词典翻译体裁较为正式的文章；

（3）理解正确，译文基本达意，语言表达清晰；

（4）能运用较常用的翻译技巧。

3.发展目标

（1）能翻译较为正式的议论性或不同话题的口头或书面材料；

（2）能借助词典翻译有一定深度的介绍中外国情或文化的文字资料，译文内容准确，基本无错译、漏译，文字基本通顺达意，语言表达错误较少；

（3）能借助词典翻译文献资料，对原文理解准确，译文语言通顺，结构清晰；

（4）能恰当地运用翻译技巧。

（二）英语翻译教学的内容

英语翻译教学的内容主要包括翻译基本理论、英汉语言对比、常用的翻译技巧。

1.翻译基本理论

翻译的基本理论知识主要涉及对翻译活动本身的认识，对翻译的过程、标准的了解，对译者的要求和工具书的使用等。

2.英汉语言对比

英汉语言的对比既包括语言层面内容的对比，又涉及文化层面和思维层面的对比。在语言层面上，主要是对英汉语言的语义、词法、句法、文体篇章进行比较，发现它们的异同。对英汉文化、思维的比较，有利于更加准确、完整、恰当地传达原文的信息。

3.常用的翻译技巧

翻译中的常用技巧有语序的调整、正译与反译、增补省略语、主动与被动的互换、句子语用功能再现等。

二、英语翻译教学的原则

（一）循序渐进原则

做任何事情要想取得成功都需要长期的坚持。翻译活动是一种复杂的双语转换活动，学生要想提高自己的翻译水平，就必须进行长期的、大量的翻译训练。对于教师来说，其在翻译教学中要遵循循序渐进的原则。例如，在翻译教学的初期，教师应该将翻译的一些基础知识介绍给学生，进而对一些技巧和理论进行讲解。但是，如果教师反过来先讲解技巧与理论，必然会使学生感到晦涩难懂，学生也很难将知识运用到实践中。总之，教师应遵循循序渐进原则，让学生逐步学习翻译知识。

（二）以学生为中心原则

在翻译教学中，教师要遵循以学生为中心的原则，充分重视学生的主体地位，尊重学生的创造性，激发学生的自主性和能动性。具体来说，以学生为中心的原则需要教师做到以下几点：

1.转变教师角色

在翻译教学中，教师应该做到所有的教学活动都围绕学生的需求展开，而不应围绕教师展开。教师要明白，需要传授给学生的不仅仅是语言知识，还有技能，而且教师并不是学生获取翻译知识的唯一渠道，教师的作用是在教学过程中帮助学生学习并且针对学生遇到的具体问题进行相应的指导。总之，教师要正确认识自身的角色，即教师是一个协调者与指导者，而不是知识的唯一传授者，更不是知识的权威。

2.培养学生的创造性和发散思维

翻译活动具有创造性，因此在翻译文本资料尤其是文学文体时，教师不能限制学生的思维，要求他们的译文与参考译文完全一样，而是要鼓励并引导学生发展自己的翻译风格，不断地挖掘他们的发散思维，培养学生的创造性。

3.培养学生的团结协作精神

随着信息交流的日益增多，翻译活动也逐渐呈现出复杂性，使得一个人单独完成翻译活动较为困难。因此，教师在翻译教学中要注重培养学生的团结协作精神。

在进行翻译教学时，教师可以选用一些篇幅较长的文章作为翻译练习材料，并将其分成几个小的部分，要求小组中的每位组员只完成其中一部分，但是最终的译文需要在风格、专有名词等方面整体保持一致。在小组进行翻译练习的过程中，每位组员为了译文在整体上的协调一致，需要在翻译过程中与其他组员积极地讨论或协商。通过小组成员之间的互帮互助，学生的团结协作精神得以培养，协商能力也能得到提高。

（三）普遍性原则

翻译行为属于语言行为的一种，而语言行为本身具有经验性特征，这就决定了翻译教学应该坚持普遍性原则。通过感觉对事物的经验进行把握，这种经验往往是纯粹的经验，是一种局部的、表面的经验，因此很难普遍地说明翻译行为与现象，也很难正确地指引翻译活动。但是，我们并不能将这种经验中的开拓性与典型性磨灭掉，而是应该以一种科学的态度来认真对待。

（四）速度与质量相结合原则

在翻译教学过程中，教师需要坚持速度与质量相结合的原则。在翻译时，很多学生会更多地关注翻译的质量，害怕因为某个字词的偏差影响翻译的效果，对质量的过分关注必然会降低翻译速度。因此，在翻译时，学生除了要注重质量，还需要把握好速度，这样才能尽快完成翻译任务。要想提升学生的翻译速度，教师可以对学生开展限时训练，让学生在规定时间内完成任务，并随着学生翻译速度的提升，不断增加翻译难度。

（五）触类旁通原则

社会发展需要综合型人才，为了满足社会各方面对翻译人才的需求，在翻译教学的过程中，教师要有意识地使翻译练习材料更加多样化和系统化，尽量使这些材料涉及各个领域，不仅要有应用文体、广告文体、新闻文体，还要有法律文体、文学文体等。每一种文体的练习应该呈阶段性，教师尽量不要让学生同时学习多种文体，而应让其学完一种再学习另外一种。在学习过程中，教师要将每一种文体的功能和特点介绍清楚，并且在练习中加以体现。学生应把每一种文体都练习一段时间，直到能基本做到触类旁通。此外，最好能将翻译中常见的问题与文体的练习结合起来。只有将解决翻译问题与文体语篇练习结合起来，学生的翻译训练才会收到事半功倍的效果。

（六）重视实践原则

学习的目的在于实践，翻译教学的一个重要特征便是其实践性。翻译教学不仅仅是技能培养课，也是一个融知识、技能、学习能力、人格塑造为一体的科学体系，这个体系绝不是封闭的，而是具有很强的实践性。因此，在条件允许的情况下，学校和教师应该为学生提供机会，如可以与一些翻译公司合作，让学生到翻译公司参与翻译实践，实际体验一下翻译过程。实践能为学生的学习增加动力，提高他们学习的积极性。

三、英汉翻译教学的方法

（一）说明翻译过程

在具体的翻译教学中，教师首先要对翻译过程做一个简要说明，并重点强调翻译过程中应注意的一些问题，以使学生对翻译活动有一个系统的了解和把握。具体来讲，翻译过程包含理解、表达、审校三个阶段。

1. 理解

理解是翻译的第一步，正确而透彻地理解原文是译文恰当表达原文意思的先决条件。理解首先要从原文的语言现象入手，同时还要兼顾语言的逻辑关系和文化背景。

原文：Sometimes you might think the machine we worship make all chief appointments, promoting the human beings who seem closest to them.

译文：有时你可能认为，一切重要的官职都是由我们所崇拜的当权人物任命的，他们提拔那些似乎与他们最亲近的人。

如果将句中的 machine 简单地译为"机器"，则会使译文晦涩难懂，且不符合逻辑。依据语境仔细推敲可知，machine 一词在这里的意思为"核心人物"或"当权人物"。

原文：Bruce engaged low gear and drove at a terrifying speed.

原译：布鲁斯接通了低速挡，开车速度令人吃惊。

改译：布鲁斯将汽车发动起来，开车速度令人吃惊。

原译中的"低速挡"和"开车速度令人吃惊"明显互相矛盾，这样的翻译显然是不符合逻辑的。朗文词典中对 low gear 的解释为"low gear in a car is used for starting 汽车里的低速挡是用来发动的"。

2. 表达

表达是理解的目的和结果，是理解的升华和体现。表达是翻译中一个非常重要的环节，是语言信息转换的关键。在具体的表达过程中措辞要准确，语言要流畅，语句衔接要连贯，同时风格要对等。例如：

原文：He put forward some new ideas to challenge the interest of all concerned.

原译：他提出许多新见解，挑战了有关人士的兴趣。

改译：他提出许多新见解，引起了有关人士的兴趣。

原文中 challenge 的字面含义为"挑战"，如果将 challenge the interest 直接译成"挑战兴趣"，则明显不符合汉语的表达习惯，所以这里应译为"引起"来表达其准确含义。

原文：How often do we reflect on the joy of breathing easily, of swallowing without effort and discomfort, of walking without pain, of a complete and peaceful night's sleep?

原译：我们多久会思考轻松地呼吸的乐趣，不费劲地自在吞食的乐趣，没有痛苦地行走的乐趣和一个完整的夜晚安静睡眠的乐趣？

改译：平日呼吸轻松，吞食自如，走路毫不费劲，一夜安寝到天明，我们几曾回味过其中的乐趣？

很明显，原译表达非常不自然，而且读起来别扭难懂，也丧失了原文的美感。改译的表达不仅符合汉语的表达习惯，也突出了语言的美感，准确地再现了原文。

原文：The sun is warm now, the water of the river undisturbed.

原译：暖洋洋的阳光下，河中的水静静地淌着。

改译：阳光正暖，河面水波不兴。

改译仅用了 10 个字就清晰地传达了原文信息，体现了简约的语言风格，且在用词和结构方面都与原文相吻合，符合原文的风格。原译虽然也传达了原文的信息，但不够简洁，也没有忠实于原文风格。

3. 审校

审校是翻译过程的最后一个阶段，也是关键的一个环节。因为再细心的译者在翻译时也难免会出现漏洞，经验再丰富的译者也难以做到翻译完全准确。在具体的审校过程中需要注意以下几点：

（1）审校译文在人名、地名、数字、时间等方面是否有误；

（2）审校译文中重要的词、句、段是否有误；

（3）审校译文行文是否与目的语表达习惯相符；

（4）审校译文的逻辑关系是否清晰，是否忠实于原文的风格。

一般情况下，译文要审校 2~3 遍。第一遍重点审校译文的内容；第二遍重点润色文字，使译文表达更加流畅、自然，具有文采；第三遍着眼于整体，检查译文风格是否一致，行文是否流畅等。

在具体的教学实践中，教师也应引导学生按照这三个步骤进行翻译实践，从而提高学生的翻译水平。

（二）讲练翻译技巧

翻译技巧是翻译得以顺利进行的有效保证，所以在教学中教师有必要向学生介绍一些常用的翻译技巧。

1. 直译

直译就是在符合译文语言规范的基础上，在不引起错误联想和误解的情况下直接进行翻译的一种方法。直译强调"形似"，能够很好地保留原文的形式和色彩。例如：

（1）Failure is the mother of success.

失败是成功之母。

（2）The outcome of a test is not always predictable.

试验的结果并不总是可以预料的。

（3）Work banishes those three great evils：boredom, vice and poverty.

工作赶跑三个魔鬼：无聊、堕落和贫穷。

（4）Hitler was armed to the teeth when he launched the Second World War, but in a few years, he was completely defeated.

希特勒在发动第二次世界大战时是武装到牙齿的，可是不过几年，就被彻底击败了。

2.意译

意译是指根据原文词语的含义使用意义等同的目的语来进行表达的一种翻译方法。意译注重"神似"，强调译文不用拘泥于原文的形式，能准确传达原文的含义即可。例如：

（1）Do you see any green in my eye?

你以为我是好欺骗的吗？

（2）Don't cross the bridge till you get to it.

不必自寻烦恼。

（3）I can't get a job because I haven't got anywhere to live, but can't afford a place to live until I get a job, it's a catch-situation.

我没有住所就找不到工作，但是没有工作就没钱租房子，这真是左右为难。

（4）Our pianist had fallen ill, and then, at the eleventh hour, when we thought we'd have to cancel the performance, Jill offered to replace him.

我们的钢琴演奏者病倒了，在最后关头，当我们以为不得不取消表演时，吉尔表示愿意代替他演出。

3.释义

当运用直译和意译无法准确翻译原文时，就可以考虑采用释义法进行翻译。所谓释义，就是对词语进行恰当的阐述。在使用这种翻译技巧时要注意两点：一是释义要准确，二是译文行文要简洁。

原文：This man is the black sheep of the family.

原译：这个人是家中的黑羊。

改译：这个人是家庭中的害群之马。

4.增译

增译是指根据言语表达的需要，在原文的基础上增添一些词语，以使译文符合目的语的行文习惯，并在内容、形式和文化背景与联想意义上与原文相对应。增译具体分为以下三种情况：

（1）根据语法需要增译。例如：

① Reading makes a full man; Conference a ready man; Writing an exact man.

读书使人充实，讨论使人机智，写作使人准确。

② A red sun rose slowly from the calm sea.

一轮红日从风平浪静的海面冉冉升起。

③ Cupid was a little naked boy, with sparkling wings.

丘比特是一个裸体的小男孩，有一对闪闪发光的翅膀。

（2）根据语义需要增译。例如：

① Flowers bloom all over the yard.

朵朵鲜花开满了庭院。

② After the football match, he still has an important meeting.

在观看足球比赛之后，他有一个重要会议去参加。

③ She lingered long over his letter.

她反反复复地回味着他的来信。

④ You and I.

你我两人。

（3）根据文化背景需要增译。例如：

For many families, especially in Tokyo, two incomes are a necessity.

对许多家庭来说，特别是在东京，夫妻俩都去上班以赚取双收入是必不可少的。

5.省译

省译就是省略原文自然存在的，但在译文中颇显多余的词汇或短语。省译也包含以下三种情况。

（1）根据语法需要省译。例如：

① We live and learn.

活到老，学到老。

② It was just growing dark, as she shut the garden gate.

她关上园门时，已是暮色苍茫了。

③ In spring the day is getting longer and longer and the night shorter and shorter.

春季白天越来越长，夜晚越来越短。

④ The sun and a grain of sand are both bodies, for each consists of a definite mount of matter.

太阳和沙子都是物体,因为它们都由一定数量的物质组成。

⑤ The sun was slowly rising above the sea.

太阳慢慢从海上升起。

⑥ Rumors had already spread along the streets and lanes.

大街小巷早就传遍了各种流言蜚语。

(2) 根据语义需要省译。例如:

① Doctor Winter went out and shut the door gently behind him.

温特先生走了出去,并轻轻地关上了门。

② University applicants who had worked at a job would receive preference over those who had not.

报考大学的人中,有工作经验的优先录取。

(3) 根据修辞需要省译。例如:

① The little match-girl shook and trembled with cold.

卖火柴的小女孩冻得瑟瑟发抖。

② The cargo liner finally landed on the runway safe and sound.

那架大型货运飞机终于在跑道上安全降落。

③ The love for her husband and child was part and parcel of her life.

她对丈夫和孩子的爱构成了她生命中的主要部分。

6.正译

正译是指为使译文符合汉语的表达习惯,将原文中形式是否定但内容却有肯定含义的词或短语译成汉语肯定句的翻译方法。例如:

① The table was in disorder.

桌子上乱糟糟的。

② The doubt was still unsolved after his repeated explanations.

虽然他一再解释,疑团仍然存在。

③ All the articles are untouchable in the museum.

博物馆内所有的展品禁止触摸。

④ He is no less active than he used to be.

他和从前一样活跃。

⑤ Man in general does not appreciate what he has until he lose it.

普通人要等到失去他的所有才知道珍惜。

7.反译

反译是指将原文中暗含否定意义却是肯定形式的词或短语译成汉语否定句的翻译方法。例如：

① We gave her some good advice, but she made light of it.

我们给了她忠告，但她不当一回事。

② The scientist rejects authority as an ultimate basis for truth.

科学家不承认权威是真理的最后根据。

③ Deception is foreign to his nature.

欺骗与他的本质格格不入。

④ Both sides thought that the peace proposal was one they could accept with dignity.

双方都认为那项和平建议是一个可以接受而又不失体面的建议。

8.分译

分译就是根据译文表达的需要将原文中的词、词组或句子分解出来单独进行翻译。例如：

The real challenge is how to create systems with many components that can work together and change, merging the physical world with the digital world.

我们所面临的真正挑战是如何建立这样一个系统，它们虽由很多成分组成，但可互相兼容，交换使用，从而把物质世界与数字世界融为一体。

9.合译

合译就是将原文中两个或两个以上的简单句或一个复合句在译文中融合为一个单句来表达。例如：

① He was very clean. His mind was open.

他为人单纯而坦率。

② The flower is so beautiful that I cannot describe it with words.

我无法用语言来形容这朵花的美丽。

以上是常见的几种翻译技巧，教师可以引导学生根据具体的情况选用不同的技巧，并促使学生不断练习，最终使学生掌握并熟练运用。

（三）融入文化知识

翻译不仅仅是语言之间的转换，更是文化之间的交流与沟通，可以说，语言之间的翻译就是文化之间的翻译。学生在翻译中遇到的很多问题大都是不了解语言背后的文化知识所导致的。由于课时有限，翻译技巧众多，教师在讲授翻译技巧时不可能每个方面都涉及，所以教师交给学生"开门的钥匙"，使学生了解不同语言背后的文化，了解翻译的本质，比简单地教授一些翻译知识和技巧更为重要。

1.讲练习语

在复杂的文化中，习语是文化的精华，蕴含着丰富的文化内涵，所以对其进行翻译也是十分困难的，但同时通过对其翻译也能使学生对目的语文化有一些理解和认识。因此，在具体的翻译教学中，教师要有意识地融入一些文化知识，重点引导学生多做英语习语的翻译练习。例如：

You cannot expect the man in the street to enjoy Beethoven's music.

你不能期望一般人欣赏贝多芬的音乐。

句中的 the man in the street 这一短语的翻译十分关键，如果将其按字面意思译为"街上的行人"很明显是不符合语境的，实际上它指的是"一般人"。

通过上例可以看出习语的显著特征，即在字面意思之外包含着丰富的文化内涵。因此，在具体的翻译教学中，教师应引导学生不断积累英语习语并掌握其含义，以使学生能灵活应对不同类型的翻译。

2.使学生把握同一事物的不同联想

由于不同的民族生存在不同的地理环境中，有着不同的历史背景、风俗习惯、思维模式和价值观念，因此即便对于同一事物也会产生不同的联想。而不同民族对相同事物的不同联想直接关系到翻译的准确与否。因此，在翻译教学中教师要向学生说明不同民族关于相同事物的各自联想，以使学生对此有一个准确的了解，进而帮助学生在遇到类似翻译问题时能自如应对。

在西方神话中，dragon 是一只长着翅膀、身上有鳞、拖着长尾、口中喷火的大蜥蜴。在中世纪，dragon 是罪恶的象征，如 The Dragon 指的是"撒旦""魔鬼"。而在现代英语中，dragon 也常用来代指凶悍之人。例如：

（1）Her mother is a real dragon.

她母亲真够凶的。

（2）She's a bit of a dragon around this place.

她是这里很跋扈的人。

但在我国的传统文化中，龙是中华民族的标志，是民族精神的象征，享有极高的地位。龙反映了我国古人对自然的敬畏，象征着皇帝和至高无上的皇权，象征着权威、力量、才华、吉祥。例如，我们常将自己喻为"龙的传人"。此外，汉语中关于龙的吉祥话也有很多，如"望子成龙""龙凤呈祥""乘龙快婿""卧虎藏龙""龙吟虎啸"等。

对译者来讲，仅仅理解语言的字面意思是远远不够的，还必须理解语言的深层文化内涵，这样才能更加准确、有效地进行翻译。

第四章 备课与说课

第一节 备课

一、备课的意义及重要性

备课是指教师在课堂教学之前进行的设计准备工作。对于英语教师来讲,即根据《英语课程标准》和英语课程的学科特点,结合学生的具体情况,设计合适的教学目标,选择合适的教学内容和教学方法,规划教学活动,以保证学生有效地学习。

备课在教师的成长历程中起着非常关键的作用。教育家苏霍姆林斯基在《给教师的建议》一书中讲过这样一个故事:

一位有30年教龄的教师上了一节非常成功的公开课,课后有人问他:"您这堂课讲得这么好,请问备课用了多长时间?"他说:"对这节课,我准备了一辈子。而且,总的来说,对每一节课,我都是用终生的时间来准备的。不过,对于这节课的直接准备或者说现场准备,只用了大约15分钟。"

这一故事生动形象地告诉我们备课的重要性。不管是新教师还是有经验的教师,精心备好每一节课,才能成长为优秀教师,厚积才能薄发!

对于教师个人来讲,精心备课可以使其从以下几方面受益:

(1) 明确每节课的教学目标和教学内容;
(2) 明确各教学环节之间的逻辑关系及平稳过渡;
(3) 预测教学中潜在的问题以便作好准备;
(4) 明确所需教学手段;

（5）使教师（尤其是新手教师）建立自信心。

备课是教师专业发展的必要环节。就英语教学而言，精心备课的必要性体现在以下两个方面：

（一）备课是适应英语教学改革不断深化的需要

21世纪飞速发展的科学技术使人类的交往变得越来越重要，也为英语教学的目标注入了新的内涵。目前，英语教材的使用已呈现出"一纲多本"的态势，并逐步转向"多纲多本"。英语教学改革的新形势对每一位英语教师如何备好课提出了新的挑战。英语教学改革的主要任务就是进行课程改革和优化课堂教学模式。国家课程标准的实施离不开课堂教学，而课堂教学的前提和基础就在于教师的备课。

（二）备课是提高英语教学质量的重要保证

提高教学质量的关键在于提高课堂教学质量，提高课堂教学质量的关键在于提高教师的备课质量。英语课堂教学的起点是教师的备课，没有充分的备课就不可能顺利而有效地完成教学任务。虽然上好一堂课取决于多种因素，仅备好课还不一定能上好课，但备不好课肯定上不好课，这是毋庸置疑的。

二、备课的环节

（一）通晓全局

学习和研究《英语课程标准》，对其中关于各学段侧重的内容，以及英语教材的内容体系和编排顺序做到心中有数，通晓全局。

（二）学期计划

研究一学期的教材，明确课本的教学目标和要求，弄清教材的重点和难点。根据教材中练习题的数量、类型、广度和深度，决定练习题的增减，并在初步了解学生的知识水平和接受能力的基础上，制订出学期教学计划和进度。

（三）单元计划

根据《英语课程标准》的要求，将课本的内容划分为若干单元，确定各单元的教学目标和教学重点，明确单元之间的知识联系。以现行中学英语课本为例，每单元的第一课总是复习前面的有关知识，并安排新的教学内容，新单词出现较多。第二课继续学习该单元的新内容，并把第一课学的单词、句型等融合在第二课的对话、课文中。第三课则是该单元所学内容的综合运用，新的语言点和新单词出现相对少一些，该课是该单元中很重要的一课，对这一课的教学应突出体现"教学生如何运用语言，而不只是学习语言知识"的精神。第四课是该单元重点语言知识的归纳、整理、复习和检测。

（四）课时计划

明确每篇课文的教学目标和要求，确定所需的课时数。课时数的确定与教学内容以及学期计划的进度有关。在划分课时时要注意分散难点，适当分配教学内容，避免前紧后松或前松后紧，从而保证教学任务的完成。

（五）编写教案

在以上4个步骤的基础上，着手编写每一课时的教学方案（以下简称"教案"）。教案是教师备课内容的详细记录。

三、备课所涉及的内容

（一）备教材

《英语课程标准》是对英语课程的总体设计，是指导英语教学的重要文件。在初步学习《英语课程标准》以后，就应该熟悉教材。因为，英语教学不能不用教材，课堂教学与教材的关系十分密切，课堂教学设计经常受到教材的制约，因为教材是组织课堂教学的直接依据。备教材就是钻研教材内容。

要想合理设计课堂教学，保证课堂教学质量，教师对教材内容必须十分熟悉，即所谓"吃透"教材。这里至少包括如下几方面的要求：

1.透彻掌握教材

熟悉教材的目的是了解教材是如何体现《英语课程标准》规定的教学目标和教学要求的，是否包含有《英语课程标准》规定的全部教学内容，教材的主要特点是什么。为此，要通读各册教材（如果是多册的话），要特别重视教材的前言，如果有配合教材的教师参考书，则也要初读一遍。这对初步熟悉教材是甚为有益的。教师掌握教学内容的程度应该超过要求学生掌握的程度。试以一个单词为例，如果要求学生掌握该词的课文中的意义，教师则必须掌握该词的本义和其他常用义项。

2.熟知教学内容的纵横向联系

必须了解教材中的内容是如何编排和组合的，看教材内容的编排是否有明显的规律性，了解教材的优点和缺陷，考虑弥补缺陷的措施，同时要准备好解答学生可能提出的与教材前后内容有关联的问题。例如，某个生词与已学过的某个单词同义或近义，教师并不准备在课堂上讲解这两个词的用法区别，但要估计到学生可能请求解释这两个词的用法区别，要准备好如何解答。

3.要弄清练习的编写意图并确定答案

要分析教材上每个练习的编写意图，估计学生在完成练习时可能会遇到的困难。教师应该尽量把练习做一遍，准备好学生在完成练习后可能请求答疑时的解答和实例。

4.先于学生完成一切要求

教师不仅要先完成要求学生完成的练习，而且还应先于学生完成将对学生提出的任何教学要求。例如，如果要求学生背诵课文，则教师应该自己先背熟。具体到备课工作，具体到每一节课，教师应该做到：

（1）准备好上课所能用到的课堂用语；
（2）理解和掌握课文里的单词、语句和语法；
（3）能用教过的单词解释新单词的意思和用法；
（4）钻研语法点，能用英语举例说明新语法点的用法；
（5）用英语解释课文里的长句，简化课文里的长句；
（6）熟悉课文内容，用英语对课文内容提问，对课文做评论；
（7）分析课文结构，概述各段大意，用英语复述课文，直至能够全部背诵；
（8）结合新材料，考虑联系和复习哪些旧材料。

教师要求学生做到的，自己要先做到；学生可能提出的问题，要事先考虑好；课堂上要使用的课堂用语要事先准备好。处处做到有备无患，才能得心应手地进行教学。

总之，在课堂教学中要求学生掌握的东西，教师自己应首先在备教材时熟练地掌握，并要在广度和深度上大大超过学生将要达到的水平。教师对自己弄不懂或没有把握的教材内容不要轻易放过，要通过查阅工具书和参考书，将其搞懂搞透，或者向别的教师请教，亦可在集体备课时提出来供大家研究探讨并得出结论。

（二）备学生

备学生就是结合教学内容分析学生情况。学生是教学的对象，教师要想教会学生，必须了解学生；为了使备课富有成效，使课堂教学的讲和练切合实际，教师必须结合备课对学生的情况进行分析，这样才能调动学生的学习积极性，有效地帮助学生解决学习中的问题和困难，根据学生的实际水平和具体需要，有的放矢地进行教学，高质量地完成教学任务。备课时，分析学生大致有如下几个方面：

1. 学生的现有英语水平

了解学生的英语水平，要具体到了解学生的听说读写能力，以及语音、语法、词汇的水平。不仅要有一个总的估计，还要对学生的学习成绩差异有具体了解。这对掌握教学进度，贯彻因材施教的原则都是必不可少的。

了解学生现有的英语水平，有助于判断学生在学习新教学内容时可能遇到的困难和产生的问题，从而确定教学内容的重点和难点。

2. 学生的学习能力和学习方法

教师要了解学生在学习上的长处和短处，结合新教学内容的特点，在不违背课堂教学目的和教学日历的前提下，确定恰当的授课目标，设计合理的教学环节。

教师还要了解学生的学习方法。学生是学习的主体，他们是怎样学习英语的，他们的学习方法是否最有效，这些是教师应该了解并向学生介绍的，有利于指导学生在学习上应该注意哪些问题。

3. 学生的自学条件和自学习惯

教师要根据课外自学条件（主要是课外自学时间和可利用的图书资料等）、学生的独立学习能力和自学习惯，设计课内外教学的分工，确定课堂操练要求和课外作业。

4. 学生的思想、情绪和爱好

教师要根据每个学生的思想状况和情绪确定课内外教学，以及因材施教或个别对待的具体措施。学生在课上的表现，课后作业的完成情况，以及学习里的进步或停滞不前，都可能和学生的情绪有关，应随时注意，了解造成各种情况的原因，并有针对性地合理解决。

另外，教师应该注意学生在学习上的爱好和特长，上课时加以利用，有助于提高学生的学习兴趣、活跃课堂气氛。

教师了解学生的实际情况一般有以下几种方法：

（1）接新班时，向原班主任及任课教师了解有关情况，查阅学生的鉴定和成绩册，也可以在接班后进行一次水平测试。

（2）通过课堂提问或批改作业了解学生的实际水平和接受能力，对他们的学习困难要特别注意。

（3）通过课外辅导或其他形式了解学生的学习和思想状况，以及对教学的意见和要求。这样，教师在备课时就可以根据所掌握的学生的情况，有针对性地安排教学内容，选择相应的教学方法。

（三）备方法

备方法是指在备教材、备学生的基础上，选择适当的教学方法。教师要善于从各种教学流派中汲取营养，发挥自己的优势，形成个人教学方法的特点和风格。在方法的选用上，要勇于实践，精益求精。英语教学工作中的一大忌讳是习惯于老一套。只有勇于创新的教师才能掌握教学这门艺术。

备方法要落实以下几点：

（1）在划分课时的基础上，确定每一课时的教学目标，选定教学方法和模式。

（2）安排教学步骤，决定先教什么，后教什么，如何去教。包括，如何呈现新内容，使用什么样的教学手段创设情境，设计什么样的任务活动让学生模仿、理解、运用所学英语知识与技能等。教学步骤不一定要按课本中各项内容的排列顺序，而是取决于新旧知识的联系和知识复现的规律。此外，学生的心理因素也是决定教学步骤的一个重要因素，要及时照顾到学生的好奇心和兴趣。

（3）注意课堂教学中的各个环节、各个步骤之间的衔接和过渡。通过恰当的起承转合把一堂课中的各项教学活动融为有机的、和谐的整体，自然顺畅地达到预定的教学目的。

（4）如何激发学生的学习兴趣，发挥学生在学习过程中的主动性和积极性。

（5）如何实现课堂教学交际化。

（6）选择并准备必需的教具。

第二节 英语教案的编写

一、教案的构成

不同的教师教学风格不同,其教学设计也就不同。那么,其教学方案自然也不同。虽然如此,但教师在写教案时,还是应包括下列要素:

(一)教学目标

每一堂课都应有明确的教学目标。在教学中,课堂教学目标的确定存在着很多问题,有的教师在设计课堂教学目标时忽略了课程标准的存在,致使课堂教学目标与英语新课程理念不符;有的教学目标表述过于宽泛,操作性不强;有的表述含混不清,表述方式和教材内容雷同等。基于新课程理念,教师在确定教学目标时,应从以下几方面入手:

1.目标设计应参照课程总目标和分级目标

要让课堂教学目标基于课程标准,教师首先应熟读《英语课程标准》,时常将课程标准中的总目标和各学段的分级目标置于心中,使之成为课堂教学目标的依据。比如,按照课程标准中分级目标体系的设计,小学是学习英语的入门阶段,主要是学习字母、单词拼读、简单日常交际会话等基础知识和技能,培养学生学习英语的兴趣,课堂教学目标的设计应参照学段教学目标。

2.目标内容应具有"五维"结构

《英语课程标准》将综合语言运用能力这一总目标的实现置于"五维"框架中,即语言技能、语言知识、情感态度、学习策略和文化意识。那么,英语课堂教学目标也应具有这样的结构。目前,我国中小学开设的英语课程多为综合英语,所使用教材以单元为单位进行内容体系编排。以人民教育出版社出版的新课程改革实验教材《新目标英语》八年级上册为例,该册书涉及健康、旅行、交通、度假、邀请、人生理想、家务等话题,每个单元围绕一个话题设计相对完整的听、说、读、写活动。因此，教学目标的设计不仅应包括语言知识、语言技能、学习策略、交际策略，还应包括不同地域的生活方式、风土人情、传统习俗等文化知识和文化意识，以及健康生活理念、人生观、劳动观等情感、价值观方面的内容。

3.目标主体要彰显学生主体性

新课程改革的一大亮点就是彰显学习者的主体性。《英语课程标准》要求英语教学"以学生为主体"，鼓励"学生通过体验、实践、参与、探究和合作等方式"参与课堂英语学习活动。因此，课堂教学应突出学生学习的主体性，教学目标也应该是对这种主体性学习结果的预期。

4.目标内涵要突出"用英语做事情"的能力

由于受传统的语法教学法影响，常常有教师将学习目标设定在语法结构的掌握或词汇的记忆、背诵上，如在学习一般将来时的时候，他们将教学目标设计为"掌握一般将来时 be going to"。这种教学目标设计难以体现"用英语做事情"的理念。如果仔细阅读《英语课程标准》则不难发现，对"英语能力"的教学要求主要体现在通过课堂学习，学生"能做什么"或"能用某一语言项目做什么"。例如，《英语课程标准》中的二级语言技能目标有"能听懂简单的配图小故事""能就日常生活话题作简短叙述""能认读所学单词"等。因此，上述一般将来时的教学目标应该设计为"能用 be going to 谈论将来的计划或安排"。

5.语言能力应具体到情境

拉尔夫·泰勒认为，陈述目标最有效的形式是既确认学生行为发展的种类，又确认该行为的运用内容或生活领域。根据泰勒的观点，准确而清晰的教育目标应包括"行为"和"内容"两个维度，行为应该是清晰的，而内容则是具体的。将这一原则应用到英语教学领域，课堂教学目标可以表述为"能听懂有关购物的对话"，"能与他人交谈自己的兴趣爱好"等。在这里"行为"体现为"听懂""与他人交流"，"内容"则是指"购物""兴趣爱好"等具体情境。

如何将上述教学目标设计策略应用到具体的教学活动中？以人教版新课程改革实验教材《新目标英语》七年级上册 Unit 4 Where's my backpack 为例进行教学目标设计。本单元主要围绕家具和家庭生活用品这一话题，其交际功能是谈论家庭生活用品之间的空间位置关系，所涉及的词汇有 table、bed、sofa、bookcase、book、backpack 等家居生活用品，语法结构有 Where's my backpack? It is on the floor。本单元教学活动设计分为 Section A, Section B 和 Self-check 三个板块。Section A 以听说为主，Section B 以读写为主，Self-check 部分则是重要语言点。通过本单元的学习，学生能够利用图片理解物体间的位置关系，并用英语谈论家庭生活用品之间的空间位置关系，养成自觉整理自己物品的良好习惯等。根据上述分析，本单元的教学目标设计如下：

通过本单元的学习，学生能够：

（1）说出并写出日常家居生活用品的名称；

（2）利用图片谈论家居生活用品之间的位置关系；

（3）听懂有关家居生活用品之间的位置关系的短对话；

（4）利用图片、实物自主学习英语；

（5）养成自觉整理自己物品的良好习惯。

（二）教学内容

教学内容指的是我们通常所说的教学重难点。比起教学目标来说，教学内容的把握要容易一些。虽然如此，但有些新手教师还是会在课堂上出现顾此失彼，教学重难点不突出的现象。要准确把握教学重难点可以从以下几方面入手：

1.紧扣教学目标和单元话题

教学目标的实现是以教学内容为依托的，因此，教学内容必须体现教学目标。教师把握教学重难点时，要时刻关注教学目标。一般而言，能体现单元话题的词汇和句法结构都应该是教学重点。对于学生初次接触到的，又与单元话题相关的语言学习项目，则可视为教学难点。

2.合理分配教学时间

在设计教案时，教师应该对所有的教学活动进行时间上的分配。属于教学重难点语言项目的学习和练习活动在课堂上花费的时间应更多一些，反之，则少些。这样能更好地帮助教师把握教学中的重点和难点项目。

（三）教学方法和教学手段

教学方法是保证完成教学任务，达到预期教学目标的重要因素。教师应以教学目标和教学内容为依据，结合学生的知识水平和年龄特征认真选择适当的教学方法、手段和教具，提倡使用多媒体、计算机等现代教育技术手段和直观教具，课堂活动应形式多样，接近学生的生活实际，激发学生的兴趣和学习动机，增强语言实践的真实感。

英语教学的特点之一是教学方法的多样性，这是由英语教学目的和要求的多样性以及教学内容的多样性决定的。选择教学方法时，要注意目的性、实用性、可操作性和新颖性。

（四）教学过程

教学过程的组织依赖于教学模式的选择，不同的教学模式其教学环节和具体教学活动的设计也有所不同。但不管什么类型的课，都应包括导入或热身环节，该环节主要是激活背景知识，建立新旧知识之间的联系，为新内容的学习奠定基础。就当前的英语教学来讲，以下两种教学模式可供教师参考：

1. PPP 教学模式

这一模式主要用于词汇和语法结构的教学。在"呈现（Presentation）"环节，教师运用情境呈现新词汇或语法结构；"练习（Practice）"环节通常由控制性练习和有意义练习构成；在"产出（Production）"环节，学生运用所学语言项目完成交际任务。

2. 任务型教学模式

任务型教学是《英语课程标准》所建议的教学方式，主要用于语言技能的教学，即听、说、读、写教学。任务型教学模式通常也包括三个环节：任务前、任务中、任务后。以阅读教学为例，其课堂教学模式包括阅读前、阅读中、阅读后。"阅读前"环节主要是为阅读做好准备，比如，热身、背景知识、学习主要词汇等活动；"阅读中"环节主要是学生完成阅读任务；"阅读后"环节主要是为学生提供对自己学习和表现进行评价的机会，或者将所学知识、技能等拓展运用。

（五）总结

在课程快要结束的时候，教师应当用 2~3 分钟的时间将本节课的重点、难点进行强调和总结，以加深学生的印象；也可让学生参照教学目标评价自己的学习或反思自己的学习情况，激发其后续学习的兴趣、动机和好奇心。

（六）布置作业

教师要根据教学目标和学生的学习情况有针对性地布置作业。所布置的作业一方面要帮助学生巩固所学知识，一方面要拓展学生的交际能力和视野，但不应仅仅局限于书面作业，可以是抄写单词、朗读课文，也可以是编短剧、观看英文视频等，只要是能够使学生拓展语言交际能力的任务都可以布置为作业。

（七）教学反思

教学反思是教学活动结束后进行的一个环节。教师要对本节课的课堂组织情况进行概括性描述，包括学生的表现情况、课堂意外事件的处理、教学目标是否达成、哪些教学活动效果好、哪里还需改进等。通过教学反思，教师可以进一步印证自己的教育观念，创新教学方法，实现自身专业发展。

二、教案示例

（一）教学案例1：When is Your Birthday?

教学目标：

（1）能够用英语说出自己和他人的生日；

（2）能够就生日的话题展开简单的交流；

（3）能够运用所学语言完成关于生日的调查任务。

教学重点：

（1）复习表示月份的词汇 January、February、March、April、May、June、July、August、September、October、November、December，要求会读、会认、会默写。

（2）学习对生日的话题进行提问和回答的句型：

—When is your birthday?

—My birthday is in...

（3）理解故事内容并回答相应的问题。

教学难点：

理解故事内容并回答相应的问题。

教学活动：

说出自己的生日，在班内调查同学的生日所在的月份。

教学过程：

1.热身及复习

（1）向学生展示节日图片，让学生用英文说出月份。如教师展示新年的图片，学生说出"January"，对于没有学生熟悉的节日的月份，教师可使用"after"或"before"进行启发引导。

（2）与学生一起做一个单词游戏：教师出示一张表示月份的单词卡，然后随机说出一个月份的名称，如果教师说的月份与单词卡上的月份一致，学生跟读单词，如果不一致，学生保持沉默。

2.新课学习

（1）教师出示一张有 12 个月份的年历，其中 12 月里有一颗红心。教师问学生为什么有一颗红心（教师可以提问 Why is there a red heart in December?）。然后告诉学生准备听一个故事，听完故事就知道答案了。

（2）听故事并思考：Why is there a red heart in December? When is Amy's birthday? When is her father's birthday? When is her mother's birthday? When is Coco's birthday?

以下是故事内容（可以播放录音，也可以由教师朗读，注意按不同角色朗读）。

Narrator：Amy is a pretty girl. She has a dog. Its name is Coco. Today, she finds a red heart in December.

Amy：Why? It isn't my birthday. My birthday is in May. Is it Father's birthday? When is your birthday, Dad?

Dad：My birthday is in July.

Amy：When is your birthday, Mum?

Mum：My birthday is in September.

Narrator：Amy is sad.

Amy：Whose birthday is in December?

Coco：Woof! Woof!

Amy：Wow, I know it. It's Coco's birthday.

Whole family：Happy birthday, Coco.

（3）再听故事并回答简单问题，如 When is Amy's birthday?

（4）让学生逐项完成跟读、独立朗读、分角色朗读故事的活动。

（5）教师引导学生说说自己的生日在哪个月，问问周围同学的生日在哪个月。引导学生使用句型"When is your birthday?""My birthday is in November.""Coco's birthday is in December.",教师可以把这些句型写在黑板上并领读若干遍。

3.语言运用

（1）学生在班内进行一项简单的调查活动：制作同学们的生日表。给学生两分钟的时间调查周围同学生日所在的月份，并将调查结果记录在表格中。

（2）请学生向全班汇报自己的调查结果，将所有调查结果汇成全班同学的生日总表。

作业：要求学生完成家庭成员及亲友生日表，下节课在小组内进行交流。

案例评析：

（1）授课教师从"热身"开始便以参与者的角色融于学生之中。在复习表示月份的单词时，形式多样、合理有趣。

（2）教师通过情境教学的方式将学生带入新语言学习中。学生之间开展的调查及生日记录卡活动将语言学习、信息归纳和整理等技能巧妙结合，促进学生多技能发展。

（3）活动设计层次清楚，可操作性强，促进了学生听说读写综合技能的全面发展。

（二）教学案例2：Can you Surf?

教学目标：

（1）能够用所学的体育运动名称询问和描述他人和个人的运动能力；

（2）能够运用所学量词或量词词组描述和报告有关全班同学运动能力的调查结果；

（3）能够根据新的图表信息正确使用量词完成句子；

（4）在活动中积极参与、大胆表达、合作互助、注意倾听、增进了解。

教学内容：

（1）学习五个体育运动名称：滑冰（skate）、滑板（skateboard）、冲浪（surf）、跳水（dive）、打网球（play tennis）；

（2）学习五个表示定量的代词或词组 all, most, some, a few, none;

（3）学习如何报告调查结果。

教学过程：

1.课前热身

教师与学生互致问候，然后以提问的方式引出对上节课所学内容的复习："Excuse me. Can I ask you something?"得到学生的肯定回答后，继续提问："What sports can you play?"，请几位学生回答。

2.呈现并学习新内容

（1）呈现新内容：教师用幻灯片播放八幅动态图片，演示包括本课要学习的五个体育运动名称在内的八种运动，并给出进行这些运动的短语，要求学生在理解的基础上跟读。

（2）教师做示范，对学生提问"Can you surf?""Can you dive?""Can you play tennis?"等，学生根据自身情况给出"Yes，I can."或"No，I can't."的回答；

（3）根据上一步的示范，学生进行两人活动。

3.练习与整理新内容

（1）教师播放录音（2~3遍），学生根据所听内容，在Robbie和Jenny两栏中记录所获取的调查信息（示例见表4-1）：

表4-1 调查信息示例

Sports	Robbie	Jenny	Your friend
Can you skateboard?	Yes　No	Yes　No	Yes　No
Can you surf?	Yes　No	Yes　No	Yes　No
Can you dive?	Yes　No	Yes　No	Yes　No
Can you play tennis?	Yes　No	Yes　No	Yes　No
Can you skate?	Yes　No	Yes　No	Yes　No

（2）教师用第三人称提问进行示范，学生互相提问并检查信息。此时，学生使用的是第三人称的问答。

（3）教师请学生两人一组用表格中的问题向自己的同伴提问，进行模仿调查，完成"Your friend"一栏的信息。

（4）教师组织全班进行对话活动，每对学生参与两轮对话。第一对学生相互问答一个问题，使用第二人称，如"Can you surf?"，然后下一对学生根据前一对学生的实际情况使用第三人称形式进行问答,然后再用第二人称互问互答,依此类推,教师给予积极评价。

(5)教师引导学生总结和归纳所学的表达方式。

4.巩固和运用

小组采访,调查体育运动情况,学习运用 all、most、some、a few、none 对调查结果进行汇报。

(1)选择五项体育运动,学生每四人一组通过提问调查小组内同学的体育运动能力,并记录和统计结果。这五项运动包括 push-ups、run 400-meter、climb a rope、skateboard、surf。学生活动时,教师观察。

(2)在调查的基础上,教师请每组派代表用英语汇报结果,并记录下各组能参与五种不同运动的人数,然后与学生一起通过简单的数学运算,得出这五种运动在全班的参与人数。在此基础上,教师在每项运动后面用 all、most、some、a few、none 呈现统计结果(见表4-2)。

表4-2 统计结果

Sports	Numbers(total 47)	Describing results
run 400-meter	47	all
do five push-ups	40	most
climb a rope	19	some
skateboard	7	a few
surf	0	none

(3)教师在学生充分理解的基础上引导全班学生使用这五个词对调查结果进行口头表达。

(4)教师提供信息表4-3,学生根据表格信息完成句子,巩固所学内容,然后全班检查。

表4-3 信息表

Sports	Numbers	Describing results
play table tennis		_____ of them can play table tennis.
play volleyball		_____ of them can play volleyball.

续表

Sports	Numbers	Describing results
play tennis		_____ of the students can play tennis.
play baseball		_____ of them can play baseball.
dive		_____ of the students can dive.

5.总结

教师利用幻灯片引导学生回顾本节课所复习的内容和所学新内容，进行归纳和总结。

6.渗透品德教育

（1）教师播放英文歌曲 *I Believe I Can Fly*，并以此作为背景音乐，让学生边听歌曲边用本课所学的主要句型写句子，数量和内容不限。

（2）教师观察。

（3）每个学生都写了很多自己能够写的句子，教师给予鼓励和表扬。

（4）完成练习后，教师请两个学生大声朗读自己写出的句子，全班鼓励。

（5）教师用幻灯片再次显示含有 can 的句子，如"If we can dream, we can do it."，教师对该句的含义稍作展开，鼓励学生追求理想、树立信心。

案例评析：

教师能够面向全体学生，从学生的已知出发，将新知识的呈现建立在学生已知经验和基础之上，通过多种互动形式为学生体验、参与、实践与合作学习提供了充分的机会。在教学中，教师示范到位，新知识的呈现直观、形象、立体，语言实践活动层层递进。教学活动的设计从学生实际生活经验出发，采用调查的方式，使学生积极参与到获取信息和处理信息的过程中，并学习如何进行统计和汇报结果，实现了语言学习与语言运用的有机结合，课堂实效高。本节课既侧重对听、说技能的训练，又关注到听说读写四项技能的综合运用，同时渗透品德教育，鼓励学生建立自信，追求理想，很好地体现了新课程的理念。

（三）教学案例3：Schools in England

教学目标：

（1）能够根据阅读目的在阅读材料中获取所需信息；

(2)能够根据阅读中获得的信息以及自己的已有知识比较事物的差异;

(3)能够以书信的形式介绍自己所在学校的有关情况。

教学内容:

(1)学习学校场所的名称及其他相关词汇,如canteen、playground、office、gym、music room、library、art room、secondary school等。

(2)学习比较事物差异的表达法,如"The school is not as big as those in China.""The classes are much smaller than those in China."等。

教学过程:

1.读前活动

(1)教师引导学生做一个阅读前的预测活动。教师可以向学生提出以下问题:"Do you know anything about schools in England?""Do you think schools in England are all very big?""Can you guess how many students in a class?",学生根据自己了解的情况作答或猜测。学生作答时,教师不必对答案的正确与否进行评判,而是鼓励更多的学生回答。在适当的情况下,教师可以根据学生的回答进一步提问。比如学生说"I think their schools are all very small.",教师可以问"Why do you think so?"。

(2)把学生分为4人一组,根据他们已有的知识或猜测列出中国学校与英国学校的差异,每组学生列出至少3种。

(3)选择几个学生作代表汇报他们列出的差异。汇报过程中,学生可能会使用一些表示事物差异的表达法,教师可以通过重复的方式引起全班学生注意这些表达法。如果学生使用得不太准确,教师可以用正确的说法把学生的话再说一遍。

2.阅读活动

(1)学生阅读课文,并根据课文内容判断下面的陈述是否正确。大多数学生完成之后,让学生两人一组核对答案,然后全班学生一起核对答案(表4-4)。

表4-4 信息表

Lily and her new school	True/False
1.Lily's school is as big as those in China.	
2.There aren't many students in each class.	
3.The classrooms and the offices are in the same building.	
4.There is a playground, but no gym.	

续表

Lily and her new school	True/False
5.There is a room for learning music.	
6.There are many books in the library.	
7.Lily doesn't like her new school.	

（3）学生了解自己学校的情况，如学生人数、班级数等，再读一遍课文并根据课文内容找出英国学校与中国学校的差异，在表 4-5 中填写有关这些差异的关键词。

表 4-5　表示差异的关键词表

	Schools in England	Schools in China
1	called "secondary school"	called "middle school"
2	schools are not big	schools are big
3	small classes	big classes
...	...	...

（3）学生两人一组对比他们在表格里填写的信息。

（4）选择几个学生，根据表格所填信息说一说中国学校与英国学校的差异。

3.读后活动

（1）词汇学习：让学生在课文里找出表示学校里不同场所的单词并简要解释。比如学生说 gym，教师可以问"What do you do in a gym?"。

（2）让学生做一些词汇填空练习或者口头问答。

（3）语法学习：学生再读一遍课文并找出表示事物相同点、不同点以及表示发生变化的句子，例如：

It's just like a junior middle school in China.

The school is not as big as those in China.

So the classes are much smaller than those in China.

教师引导学生观察这些句子中表示比较的关键部分，必要时可以进行简单的解释并提供有针对性的练习。

作业：

给英文校刊写一篇短文，简单介绍一下自己所了解的英国学校的基本情况，如设施、班级和学生人数、课程等，或者比较一下这所英国学校和自己所在学校的差异（使用一些表示比较的句型和表达法）。写作之前，可以让学生两人一组讨论介绍哪些内容、如何介绍。如果时间允许，可以让学生当堂起草、修改并展示所写的短文。

第三节　英语说课

一、说课的含义

说课分为广义的说课和狭义的说课两种。广义的说课，就是授课教师在精心备课的基础上，系统地谈自己对某一课程的理解和教学观点，表述自己对某一课题的教学设想、方法、策略及组织教学的理论依据，以教研人员为说课对象，然后由听者评说，以达到相互交流、共同提高的一种教研和师资培训的活动形式。

狭义的说课是指教师根据新课标的要求，依据教育科学理论和教材，围绕某一节课的具体内容和特点，采用口头表达的方式，在规定的时间（一般为15至20分钟）内，向同行或专家系统地阐述个人对教材的理解、对学情的分析、对教法和学法的构想以及对教学过程总体设计的一种在备课和上课之间进行的教研活动。简而言之，说课就是说怎样教好一堂课和为什么要这样教。

二、说课的意义

说课是提高教师自身教学水平和教育科研能力，尽快向学者型、研究型教师转化，加快青年教师队伍建设的有效举措；是在短时间内大规模提高教师素质的形式；是对教研活动形式的一种开拓和创新；是充分挖掘优质教育资源并迅速实现共享的快捷途径，也是大规模提高教学质量的有效途径。

说课对于提高教师的课堂教学水平和专业素养具有重要的意义。具体来说有以下几点：

（一）说课是提高课堂教学质量的有效途径

教师通过说课，使备课中的隐性思维过程及其理论根据外显出来，有利于发现备课中不易发现的问题，加以改进、修补，从而有效地提高课堂教学质量。

（二）说课是提高教师教学、教研能力的有效途径

说课是理论和实践的有机结合，集备课、评课、研究、学习、交流于一体。教师要说好课，就必须加强教学理论、专业知识的学习研究；就必须全面把握新课标、深入钻研教材，不断更新教学理念，改进教学方法。因而，说课能有效地提高教师教学、教研能力。

（三）说课是教师共同提高的有效途径

说课活动要求听、说双方以"平等交流、共同研讨、共同提高"的心态参加。对于说课者而言，通过说课，外显教学理念、教学思路、课堂设计、教法、学法等；对于听课者而言，通过听，了解说课者对教学的整体思路及设计意图，从中受到启发，并给予说课者恰当的评价。在这一过程中，双方得到共同提高。

（四）说课是教学管理的一种好形式

说课的时间短，一般不超过 20 分钟，又不需要学生参与，省去了试讲这一教学环节，省时省事，便于操作，因而深得教学管理者和教师们的欢迎。

总之，说课活动能全面衡量一个教师的专业素养，能检查、考核教师对课程标准和教材内容的熟悉与理解程度，促进教师不断更新教育理念，提高教育教学理论水平和教学艺术。说课活动是全面提高教师素质，培养造就学者型、研究型教师的良好途径之一。

三、说课的特点

（一）说理性

备课一般只需要写出教什么、怎么教就可以了，上课也只需要按教学方案组织教学

活动。而说课不仅要说明教什么、怎么教，还需要从心理学、教育学理论的角度阐述为什么这样教，因而具有较强的说理性。

（二）科学性

说课要以科学的理论为指导，注意说的逻辑性、思想性；说课要抓住重点，突出难点，不要面面俱到。此外，还要注意说前后照应、过渡自然、层次分明、条理清楚。

（三）高层次性

由于听说者不是普通学生，而是同行或专家，因此，对说课有更高层次的要求，要充分体现出较强的理论性、严谨的科学性，反映出先进的教学理念和教学方法。高层次性是说课的内在要求。

（四）预见性

说课首先要了解学情，即对学生的知识基础、认知水平、学习态度、心理特点等非智力因素的差异进行分析，对学生学习新知识时可能出现的困难做出较准确的、充分的预测，并要说出将采取的措施和办法。

（五）易操作性

说课的时间短，一般不超过 20 分钟，说课对象是同行、领导或教研人员，不需要学生参与，在空间和人数上不受限制，活动简便，易于操作。

（六）交流性

说课是一种个体和集体相结合的探访、研讨教学的有效形式，具有同行研讨、交流的特点。在说课评议中，教师们相互交流、分享经验，在协作中相互学习、共同提高。

四、说课的基本要求

说课与备课不同，与上课也有区别。说好课的基本要求如下：

（一）说课不能读稿、背稿

说课既不能照本宣科，也不能背稿，而要突出一个"说"字。要说好课，首先要进入角色，即要根据教学内容、重点、难点，及时调整语气、音量、语调、语速、语感，充分运用身势语。板书和操作等活动要自然和谐，言行举止要从容自信、落落大方。

（二）说课不能与上课雷同

上课是教师在特定的环境中，依据自己所设计的教案，实现教学目的、完成教学任务的过程。上课有具体的教学对象，是动态的师生活动，有一定的教学程序和具体的操作方法和教学实践活动。说课则不同，说课的对象是具有一定教学经验的同行和专家，是说课教师给特殊听众"唱独角戏"。说课中，说课者不必向听说者提问来进行双向交流，而只侧重于理论阐述，回答自己怎样上好这堂课的问题，它是集体备课的一种特殊形式，具有教学研究的性质。

（三）说课内容要详略得当，突出重点

说课时，应在分析教材和学情的基础上，重点阐述讲解重点、难点问题的方法和步骤，着重体现说课者的教学理念和教学艺术。对于导入新课的方法、课堂提问的预设、板书的设计、课后习题等内容可粗讲。课堂上对学生展示说明的问题可少说或不说，切不可面面俱到、平均用力。

（四）说课要避免抽象概念化

说课中的教学思路、教学设计、方法、步骤要具体，具有可操作性，并且要体现自己的教学特色。

五、说课的内容

说课的内容通常包括说教材、说教法与学法、说教学程序等。

（一）说教材

教材是实施课堂教学的最基本依据，也是说课的基本依据。对教材的整体了解和局

部把握是上好课也是说好课的一个重要方面，说课质量的高低，取决于对教材把握的程度。说教材应从以下三个方面入手：

（1）简要说明说课内容来自教材的哪个版本、哪一册、哪一单元，并分析说课课题的特点及在学科知识体系中所处的地位和作用。

（2）阐述教学的重点和难点，并分析与汉语间的差异。

（3）简述教学目标。教学目标包括基础知识目标、能力培养目标和思想教育目标。

（二）说教法与学法

说教法，就是根据说课内容的特点、教学目标要求和学生学业情况，说出选用的教学方法和教学手段，以及采用这些教学方法和教学手段的理论依据。教学有法，但无定法，教学方法的选用要根据教材的内容特点和学生的认知能力、教学设施来确定。不论采用何种教学方法，都要体现学生的主体地位和教师的主导作用，引发学生积极思考，有利于学生对知识内容的理解和掌握，有利于培养学生的语言运用能力。一般一节课以一两种教法为主，穿插渗透其他教法。一法为主，多法配合，使教学生动有趣。

说学法，就是说课者在掌握学生的实际水平和学习心理状态的基础上，依据相关的学习理论，说明指导学生学习英语知识与技能的方法。说学法至少要注意说清三个方面的问题：

（1）要分析并说清学生在教学过程中可能出现哪些困难及其原因。

（2）要说清在教学过程中指导学生掌握何种学习方法。

（3）要根据学生的年龄特征和认知规律，说清准备创设何种教学环境和条件，以便使学生能有效地进行自主学习。

（三）说教学程序

说教学程序，就是说课者依据一定的教学理论，说出本课教学思路、课堂结构、教学媒体的运用及板书设计等。说教学程序是说课的重点部分。说课者通过说教学过程，展示自己独具匠心的课堂教学设计，彰显自己的教学思想、教学个性与风格。说教学程序的主要内容，是课堂教学的过程和步骤以及这样安排的理论依据，一般来说，一节课的教学过程和环节包括新课的导入、新课教学的展开、巩固练习、课堂小结、作业布置以及板书设计和现代教学媒体的应用等。

说教学程序要突出以下几个方面：

(1) 教学理念、教学思路与教学环节的安排。
(2) 师生双向活动。
(3) 重点与难点的突破方法。
(4) 运用哪些教学手段辅助教学。

说教学程序要注意运用概括和转述的语言，不必直接照搬教案，要尽可能少用直接引语。

六、说课的类型

说课作为一种教研活动的新形式，类型很多，根据不同的标准和目的，有不同的分类。按学科，说课可分为语文说课、数学说课、英语说课等；按用途，说课可分为研讨型说课、评价型说课、评比型说课、示范型说课、检查型说课等。下面介绍几种不同用途的说课类型：

（一）研讨型说课

研讨型说课是指对说课本身进行研讨探索性的说课。这种说课的主要目的是改进说课中存在的问题，帮助教师进一步认识和掌握说课的规律及方法，提高说课的水平和质量。研讨型说课可分为质疑答辩式、对话式、讨论式等，是备课组常用的说课类型。

开展研讨型说课，要注意做到：

(1) 研讨的主题要明确。对于研讨的主题和要达到的目标，活动的组织者和全体参与者都要清楚、明确。
(2) 研讨活动要严谨。讨论要围绕研讨的中心议题来展开，突出重点。
(3) 研讨过程中，应让大家畅所欲言、各抒己见。

（二）评价型说课

评价型说课是指以评价教师说课的水平和专业素养为目的的说课。开展评价型说课，能激发教师学习教学理论、钻研教材、精益求精地掌握说课方法和技巧的积极性。评价型说课是提高教师教学基本功、教学艺术及教学理论水平的有效途径。

（三）评比型说课

评比型说课是为提高教师说课水平，开展说课竞赛的一种说课类型。评比型说课要求参赛教师按指定的教材，在规定时间内写出说课讲稿，按照竞赛的规则进行说课，并由评委对参赛者进行综合评分，确定名次。评比型说课是培养学科带头人和教学行家的有效途径。

（四）示范型说课

示范型说课是指由教学经验丰富的学科带头人、教学能手、特级教师等优秀教师所进行的样板性的说课。示范型说课的说课者还应按说课的教学方案上一堂课，然后组织听课教师进行评议。这是一种具有指导性、示范性的教学研究活动，听课教师可以从听说课、看上课、参评课中增长见识、开阔视野，不断提高自己的教学理论水平和教学能力。开展示范型说课也是培养教学能手的有效方式和重要途径。

（五）检查型说课

检查型说课是指为了解说课者说课水平和教学能力等专业素质而开展的说课。听说课的人一般是教育行政部门和学校领导、教育科研人员和专家学者等。说课的程序一般是由组织者指定说课教材，规定说课时间及提出说课的其他一些要求，说课者按照要求进行说课。最后由听说课的人进行评价，肯定成绩，指出存在的问题及以后努力的方向。

七、说课的评价

表4-6为全国反馈教学法研究会设计的一份说课评价表，教师可以此为参考。

表 4-6 说课评价表

说课教师：　　　　　课题：　　　　　　　　　　年级：

项目	要求	各项比例	得分
教材分析和学生情况分析	本课题在知识体系中的地位、作用及知识点、能力点、学生认知、能力、思维品质等方面的分析	15 分	
教学目标	教学目标的确立及依据，实现教学目标的基本思路	15 分	
教学内容	教学重点、难点的确认及突出、突破重点的策略	15 分	
教学过程	组织教学过程的方案，教学环节转换的技巧性设计，情感调控	20 分	
教学方法和手段	教学方法的择优、类型及使用价值，教学媒体使用的时机、适度，教学法同步及其优化的初步设想	20 分	
教学效果预测	学生认知、智力开发、能力培养、思想品德教育、身心发展的预测	15 分	
合计			

八、说课稿案例

课题：Unit One Where is your pen pal from?

教材分析：

本教材为人民教育出版社出版的新课标英语系列教材七年级下册。本单元共分三部分：Section A、Section B 和 Self-check。本节课主要学习 Section A，包含本单元的重点词汇、语法结构和功能、任务型听力练习和结对练习核心对话。Section A 是 Section B 及其他部分内容学习的基础。

（一）学生分析

七年级（初中一年级）下学期的学生。

教学目标：

1.知识与技能

掌握本节课的语言项目，能够听懂、说出世界上一些主要国家的英文名称，正确运用新单词 Canada、France、Japan、the United States、Brazil, Australia、the United Kingdom、Mexico、Argentina、English 和句法结构 Where...from、Where...live、What language...speak

谈论来自不同国家的人和他们所讲的语言，提高英语的听、说、读、写语言综合运用能力。

2.情感态度

培养学生的合作创新精神，通过学习，使他们了解不同的人文风俗和异国文化，学会理解和尊重他人。

（二）重点难点分析

1.重点

本课的重点是运用句型 Where...from、Where...live 和 What language...speak 讨论国籍和语言。

2.难点

不同国家的名称和其相对应的语言。

教学方法：

根据以上对教材的分析，同时针对学生的实际情况，以教师为主导，以学生为主体，确定采用任务型教学模式。

首先给学生创造身临其境的语言氛围，其次激发学生的学习兴趣，最后开展竞赛，从而达到掌握本课知识的目的。

教学手段：

主要以多媒体和图片为教学的辅助手段，增加课堂的直观性和趣味性，有利于提高教学效果。

（三）教学程序

根据新课标的要求以及教材和学生的实际情况，本课用一课时45分钟完成。

1.展示图片，激趣导入

通过多媒体展示一些外教在中国庆祝圣诞节的图片给学生，并问"Do you have foreign teachers in your school? Where are they from?"。此环节的目的是激发学生的学习兴趣，调动学生的好奇心和积极性，使话题贴近学生的实际生活，营造浓厚的英语氛围。用时约2分钟。

2.学习新词，为任务的执行做铺垫

（1）单词呈现。通过图片给学生展示他们比较熟悉的国家地图，引导学生说出国名。因为熟悉，所以学生会用汉语积极地回答。教师接着说出英语国名（边说边贴图并板书，故意让地图与单词不对应）。

（2）匹配练习。根据黑板上的地图和单词做匹配练习，让学生连线。

（3）认读单词。通过教师带读、学生跟读加深学生对单词音、形、义的印象。多样的认读活动不但能加深学生对新词的记忆，还能活跃课堂气氛，吸引学生参与。此阶段用时约 6 分钟。

3.听、说、读、写，执行任务

Step 1 Listening and Map-filling

（1）根据录音完成 1A 和 1B。

（2）为了进一步巩固单词，给出学生第一个任务：将所学的国家名字填在空白的世界地图上。活动采取小组活动的方式。此环节之所以如此设计，是为了发挥学生的合作精神，帮助他们建立学习自信心和成就感，使他们提高人文素养，增强实践能力。用时约 7 分钟。

Step 2 Guessing Game

完成 Step 1 之后，教师设计了一个根据图片提示猜国家和城市的游戏。这实际上是处理课本 2A 和 2B 部分的内容。将全班同学分成两个大组。用多媒体展现某些国家的地图或城市的图片，看哪个组的同学最先说出它的英语名字。此环节将英语教学与情感教育有机地结合起来，面向全体学生，建立了一个良好的竞争机制，促使学生互相学习、互相帮助，体验集体荣誉感和成就感，发展合作精神。了解了地名之后再去听 2C，学生就能够轻松完成了。此活动用时约 10 分钟。

Step 3 Role Play

将学生分成 6 个小组，分角色扮演。在学生活动的过程中，教师及时给予指导。给学生 4 分钟的准备时间，然后叫 3 组到讲台前表演。如果学生能够顺利完成，教师应及时给予肯定和表扬；如果学生继续不下去，教师或其他学生将给予必要的提示，帮助学生完成。教师纠错时应语气温和，并对学生加以鼓励。同时，让全班同学做评委，评选出最佳表演小组。此环节是为了体现英语教学应该采用多种活动，倡导体验参与，通过参与合作，让学生完成任务，感受成功，促进语言实际运用的能力。此活动用时约 10

分钟。

Step 4 Making Dialogue

根据所给提示信息，运用本节课的重点句型 Where...from、Where...live、What language...speak 来组织两两对话。先给 4 分钟时间让学生进行小组练习，然后请 2 至 3 组同学到讲台表演，并且叫全班同学做评委，评出最佳搭档。此环节是为了促使学生获取、处理和使用信息用英语与他人交流，发展用英语解决实际问题的能力，为学生提供自主学习和相互交流的机会。此活动用时约 8 分钟。

4.做笔友档案，继续延伸

根据材料做出自己的笔友档案，并给他写一封信。由于时间关系，下节课再检查。这样设计是体现英语的交际功能不仅在课堂上，而且在课外的实际生活中，能够培养学生灵活、创新的学习习惯和精神。此部分用时约 2 分钟。

5.板书设计

如黑板所示，这节课的板书主要有两方面的内容，一是国家名称的英语单词，二是本课的三个句子 Where...from、Where...live 和 What language...speak。

第五章　英语课堂教学管理

第一节　英语课堂指令

英语既是教学的对象，也是教学的手段。英语课程是实践性很强的课程，用英语教英语是实践性的具体表现。增加英语课上使用英语的比例，是英语教学质量提高的重要措施之一。在英语课堂中，让学生对自己所要参与的活动有一个清楚的认识，了解自己在活动中的角色和任务是成功开展活动的前提。这就要求教师交代指令要清楚，尤其是当学生初次接触某种活动的时候，如果指令给予不当，任务交代不清，就会给组织教学带来很大的不便。

一、英语课堂指令的要求

（1）根据学生水平和所学内容尽量使用英语课堂指令，要简明易懂并且坚持长期使用。尽量使用学生已学过的语言，提高所学内容的复现率。必要时，可适当使用中文。

（2）交代指令前必须保证学生都已将注意力集中到教师的身上。在混乱状态下，如学生正忙于手中之事或私自交谈时，教师不宜发布指令。

（3）解释活动时配以演示。可辅以板书、图表、图画、肢体语言等来让学生加强理解。

（4）交代指令的时间不宜过长或过短，以保证学生清楚为原则。

（5）为确保学生清楚活动的内容与方式，教师可通过提问检查学生是否真正明白。

二、英语课堂指令的注意事项

在交代活动时，教师还应注意：
（1）注意新旧知识的衔接；
（2）交代活动的目的；
（3）交代活动的方式；
（4）交代活动的操作步骤；
（5）交代反馈的要求；
（6）交代活动时间；
（7）检查学生的理解（对指令的理解）；
（8）终止指令要清楚；
（9）对活动做出适当的评价。评价要有利于学生建立自信、发现问题并且改进不足；
（10）要给学生留提问的时间。

第二节　提问和纠错

一、提问

提问是教学过程中师生之间进行交流的方式，是引发学生产生心智活动，并做出回答反应的信号刺激，是促进学生思维发展的手段和途径。正确、恰当、适时地提问，可以起到集中注意力、激发学习动机和兴趣、提示要点、强化记忆、检查学习效果、促进创造性思维、发展语言交际能力等多方面的作用。提问是组织教学的技巧之一，也是一种具有影响力的教学艺术。

（一）有效提问的标准

对于有效提问的开展，厄尔提出了六条标准：

1. 清楚

问题必须能够使学生立即抓住要害，清楚所期望的是什么样的答案。

2. 具有学习价值

问题要能激发思维，对该问题的回答有利于对所学材料的进一步处理；问题需与材料相关，有助于学生的学习，而不是只为了填充时间。

3. 能激发兴趣

问题必须有趣，具有挑战性，令学生兴奋。

4. 刺激参与

问题须使大部分学生都能参与到活动之中，而不应只是几个成绩比较突出的、自信的、知识面比较宽的同学参与（仅将等待时间增加几秒就可使更多的同学参与到问题中来）。

5. 具有扩展作用

问题需能激励学生作深入开展性回答，使学生发挥想象，丰富答案的变化性。

6. 适当的教师反馈

提问应能给学生安全感，使其相信即使自己的回答不太得当也不会受到老师的嘲笑，而总会受到老师的尊重。

（二）提问的原则

1. 目的性

每次提问都要有目的，或引起注意，或强调重点，或激发、引导学生思考，均须符合教学目标的需要。

2. 准确性

提问要为教学目的服务，把握事物本质和因果关系，要具体，不宜大而泛。

3. 条理性

思路明确，由已知到未知，由近及远，由表及里，由此及彼地有序进行。不要信口开河、不合逻辑、不连贯地孤立提问。

4. 启发性

提问可以引导学生思维，激发学生的心智活动，由浅入深、由易到难，由认知记忆到分析推理，得出结论。提问可以检查学生对教学内容的理解，通过问题的引导可使知识更加清楚易懂。

5. 多样性

根据教学目的和教学内容的需要运用多种功能类别的提问（特别是推理性提问和创造性提问）；创造性地运用各种句式提问，不仅运用常用的一般疑问句、反义疑问句、选择疑问句、特殊疑问句，还可用引出语言反应的叙述句。

6. 普遍性

提问要体现公平原则。提问对象应是全班各种程度、各个位置的学生，不能仅是优秀学生或成绩偏差的学生。而且，问题难易、复杂程度的比例也要适当。

7. 选择性

根据问题的难易、复杂程度选择不同的学生回答问题。为了降低学生的焦虑感，可先向全班学生提问，再选择学生回答。

（三）提问的类别

1. 认知记忆性提问

学生回答问题时只需对语言材料或内容作记忆性的重述，如词汇、语法、语音等语言材料的结构、意义、用法的重复。

2. 推理性提问

学生回答问题时，需对讲述过的语言材料进行分析、比较和归纳，导出某一语言规则的结论或某课文内容的总结。

3. 创造性提问

学生创造性地运用所学过的语言材料进行理解和表达，或根据上下文、情景悟出生词的词义、用法、语法规则以及某些语言材料的意义。

4. 评价性提问

学生回答问题时根据标准对语言材料的形式或内容进行评价判断或选择。

5. 常规管理性提问

集中学生的注意力，激发学生学习的动机、愿望，号召和动员学生参加练习活动。在授课的过程中，有时部分学生会开小差，可通过提问唤回其注意力。

（四）提问示例

例 1：综合运用认知记忆性提问、推理性提问、创造性提问、评价性提问。

T：(Takes out a box.) Look at this. What's this?

Ss：It's a box.

T：Is there anything in the box? (Writes it on the blackboard.)

Ss：...

T：(Shakes the box.) Yes. There is something in it.(Writes it on the blackboard.) What's it? (Opens the box and shows it to the class.)

Ss：It's an eraser.

T：Yes. There is something in the box. There is an eraser in the box. (Shows the box with the eraser in it again.) Is there anything in the box, S1?

S1：Yes, there is something in it.

T：(Shows an empty box.) Is there anything in the box?

Ss：...

T：I don't think there is anything in it. (Opens the box.) There isn't anything in it. (Writes it on the blackboard.) There is nothing in it.(Writes it on the blackboard.) (Shows the empty box again.) Is there anything in the box, S2?

S2：I don't think there is anything in it.

T：S3?

S3：There isn't anything in it.

T：S4?

S4：There is nothing in it.

T：(Shows a soft bag with a book in it.) Is there anything in the bag, S5?

S5：Yes. There is something in it.

T：(Shows an empty bag to class.) Is there anything in the bag, S6?

S6：No, there isn't anything in it.

T：Please say it another way, S7.

S7：No, there is nothing in it.

T：Good, Now, look! (Draws a house on the blackboard.) What's this?

Ss：It's a house.

T: Is there anybody in the house?

Ss: I don't know.

T: (Draws a figure through the window.) Is there anybody in the house, S8?

S8: Yes, there is somebody in it.

T: Is he/she right, S9?

S9: Yes, he/she is right.

T: S9, would you like to say it again?

S9: There is somebody in it.

T: Good. (Draws a lock on the door and erases the figure.) Now, is there anybody in the house?

S10: No, I don't think there is anybody in it.

T: No, I don't think there is anybody in it. That is to say...

S11: No, there isn't anybody in it.

T: No, there isn't anybody in it. Both of you are right. But can you use this word. (Writes "nobody" on the blackboard.)

S12: No, there is nobody in it.

T: Very good. Now, here are three questions. Listen to me carefully.

Question 1："something"和"somebody"用在什么句子中？

Question 2："anything"和"anybody"用在什么句子中？

Question 3："nothing"和"nobody"用在什么句子中？

例 2：通过提问组织学生阅读

T: Look at the picture. What can you see in the picture?

S1: I can see a man, a woman, a boy and a girl.

T: Good. What else can you see, S2?

S2: I can see some bags and a bird.

T: You are right. But what are they doing? Do you know?

S3: They are filling their bags with clothes.

T: What does the man look like?

S4: He looks like a teacher.

T: How about the children?

S5: They look happy.

T: Does the woman look happy, either?

Ss: No, she seems to be worried.

T: Why does the woman look worried, but others are happy? What are they going to do? You may find the answers in the text. Now, let's read it.

例3：根据图画提问，组织学生讲故事

T: Now class, look at the picture. What can you see in the picture?

Ss: ...

T: How many people can you see in the picture? What is the relationship between them?

Ss: ...

T: Where are they now? Does it happen in the river or in the sea?

Ss: ...

T: Why is one of them in water?

Ss: ...

T: What happened to them?

Ss: ...

T: What is the man holding in his hand?

Ss: ...

T: What will happen next?

Ss: ...

T: OK. You may have your own different answers to all these questions. Please discuss in groups and share your ideas with your partners in three minutes. And then write down your stories. Your stories must be very interesting.

二、纠错

错误是语言学习中不可避免的一个组成部分，语言学习的过程从某种程度上讲就是一个"试错"的过程。学生在学习过程中不断地尝试，不断地出错，不断地纠正自己的错误，从而使自己的语言运用水平逐步提高。教师处理错误的方式很多，但方法要得当。

若方法不得当，可能会起到相反的作用。

（一）纠错的内容

课堂类型不同，纠错内容也应有所区别。一般来说，下列错误类型应该纠正：

（1）属于教学重点的错误。如果一个语言错误是本堂课训练的重点项目，那这个错误就应加以纠正。

（2）影响理解的错误。语言是为意思表达服务的，如果影响意思表达，即使最普通的错误也要改正。如"two past three"与"two to three"表达的时间概念不同，"I like cats."与"I like carts."只一个字母之差，意思却差别很大。可见，有时只是简单的拼写错误，就会引起意思的变化，因此这种错误不容忽视。

（3）学生频繁出现或多人犯的错误。

（二）纠错的时机

一般来讲，当学生正在进行交际任务时，最好不要为了纠错而打断学生，除非语言交际活动自行中断。如果大部分语言表达都正确，只有寥寥几个小错误，教师最好不要再去纠正这些小错误。如果是一些其他学生也常犯的错误，教师应当在交际活动结束后再去纠错。但是，如果是本节课学习的重点语言项目，教师应当随时纠错。

（三）纠错的步骤和方式

（1）判断错误的类别，是语法错误、发音错误还是其他错误。

（2）确定是否要纠正错误。

（3）决定何时纠错，是马上进行，还是等活动完成以后进行。

（4）决定谁来纠错，是教师还是学生自己。

（5）选择适当的纠错方式。

根据实施者来分，纠错可有三种方式，即自我纠错、同伴纠错和教师纠错。

1.自我纠错

自我纠错是指学生在教师的提示和帮助下自己纠正错误。教师可以用带有疑问的眼神、摇头、延长沉默等暗示错误的出现，然后通过提问等方式帮助学生改正自己的错误。如当学生说"I go to the cinema yesterday."时，教师可以通过问"You went to the cinema yesterday?"或"What did you say? Sorry, again please?"提示学生纠正错误，也可以在提问中暗示表达时应注意时态，如问学生"What did you do yesterday?"。

纠错过程如下面的例子：

T：What's your name?

S：My name Tom.

T：Oh, good. Your name is Tom?

S：Yes, my name is Tom.

T：Hello, Tom. Nice to meet you.

2.同伴纠错

同伴纠错在不同的课型中的表现形式不同。在全班性活动中，当学生回答问题出错时，教师可以问其他同学同一个问题，让出错的学生注意其他同学不同的回答，也可以问其他同学是否有不同的表达方式。在小组和两人活动中，通过让组员或伙伴之间对比查找改正错误。

3.教师纠错

教师纠错的方式很多，可以明确指明其错误，然后给出正确表达方式，也可以用比较含蓄的方式提示正确的表达。多数情况下，如果需要纠错，教师最好是让学生自己纠错，不伤害学生的自尊心，而且还要积极鼓励学生自我纠错。教师在纠错时，还应注意措辞，不要严厉地说"No, you're wrong."，而应用委婉温和的鼓励话语，如"Very close.""Nearly right.""Try again.""Much better."等。

纠错成功与否不仅要看选择的错误是否准确，纠错方式是否得当，同时还要看纠错的时机是否恰当。比如，在口语活动中，当学生回答问题或汇报时，教师不应该打断学生，这时如果出现需要纠正的错误，最好在活动结束之后进行，而不能采用即时纠错的方式。比如，下面一组师生对话就体现了真实的交流，教师所关注的是交流的内容，因此，教师对错误没有做任何处理。

T：Do any of you have a pet at home? Ah... Billy, do you?

B：Yes, er... I have dog at home. Very big dog! It is nice, but once bite me here. (Shows lower arm.)

T：Ouch, that must have hurt you a lot.

B：Yes, very pain.

C：Yes, me too... er... I have dog. It like my mum most. I play with dog very often. It never bite me.

　　T：Thank you, Carol. Who else has got a pet?

　　错误是语言学习的一部分，无论是母语习得还是外语学习，总是会出现错误。学生母语习得过程中充满了很多不成熟的、错误的，甚至是荒谬的表达方式，然而这些错误会随着学生年龄的增长和水平的提高而逐渐消失。他们会忘记那些不成熟的表达方式，而选择能够为人所接受的表达方式。因此，教师也不必遇错必纠。对于必须纠正的错误，纠错时态度要温和，防止学生因教师纠错过于严厉而产生害怕或厌学心理。纠错后的鼓励也很有必要。

第三节　课堂教学活动的组织

　　课堂活动的互动模式是影响课堂组织效果的一大因素。因此，教师有必要了解各种活动组织的形式和特点，根据教学目的和学生的心理需要选择适当的操作方式。

一、课堂活动组织的形式

　　课堂活动的互动方式一般分为四种：班级活动、小组活动、对子活动（同伴活动、两两活动）和个人活动。不同的互动形式对学生的参与要求不同。为了保证学习活动的进行，教师应尽可能多地给学生提供参与的机会。所以，教师不管采用什么方式都应尽可能多地让学生参与课堂。需要注意的是，全班活动并不意味着教师的独角戏，教师同样应该注意启发学生，尽可能减少自己的说话时间，增加学生的活动时间。

　　教育家维果茨基提出的"最近发展区理论"认为学生发展有两种水平：一种是学生现有水平，另一种是学生可能的发展水平。两者之间的差距就是最近发展区。根据该理论，学生可以在他人的帮助下或在集体活动中发展最近发展区。因此，应在课堂中组织一些对子活动、小组活动和班级活动，让学生通过集体活动，与他人合作，向他人学习，发挥其潜能，提高学习效果。相比之下，这些活动更有助于促进学生参与学习，有助于培养学生的集体意识和合作精神，增强学生的社会责任感。

课堂活动的分组方式多样，小组的组合方式也可各不相同。可以根据座位进行分组，可以让学生自组小组，也可以将学优生与学困生编为一组。这些方式各有利弊，教师应根据活动的目的选择适当的分组方式，并且不时地改变组合。活动人数不宜太多，一般以4~6人为宜。让学生在合作和竞争中互帮互学、相互监督，培养学生善于听取别人意见的品质以及自主性、独立性，为学生提供更多的锻炼机会，促进学生的全面发展。

二、课堂活动组织的类型

不同的学者对活动类型分法不同，有的根据在活动中对语言材料的处理方式不同将活动分为展示型、理解型、应用型、判断型、巩固型等；有的根据活动中学生承担的角色不同将活动分为信息沟通型、角色扮演型、任务型等；有的则根据活动在课堂管理中所起的作用不同把活动分为驱动型和稳定型。

不同类型的活动所适用的学习任务和课型不同，所适用的组织方式也不同。一般说来，适用于班级整体组织形式的活动有讲故事、听做活动、语言展示活动、阅读检查或语言巩固练习等；适合对子形式的活动有同伴阅读、角色扮演、流程卡对话、问答练习等；适合小组形式的活动有讨论、采访、传话游戏、表演等；适合个人形式的活动有抄写、朗读、完成句子练习等。

三、座位摆放

教室是课堂学习活动发生的地方。学生要参与不同的活动，随着活动的变化来回走动，就涉及教室空间的利用问题。因此，教师在授课之前应该安排好座位，以保证活动的顺利进行，减少干扰。

1.教室的布置，座位的摆放应与教学目标相吻合

教室内的物质环境、人文环境等都是为教学服务的，教室的布置和座位的摆放应能满足教学目标的要求。如果是展示、表演、演讲等，座位的摆放应能方便学生看到主要展示区域。

2.保证学生有充足的活动空间

课堂活动中教师要穿行于学生之中,以便监督、指导和提供帮助。学生同样需要来回走动。因此,座位的安排应该能提供畅通的活动空间。

3.保证教师能够观察到每个学生

教学管理的一个重要任务就是对课堂活动的监控。如果教师不能看到所有的学生,就很难清楚哪些学生需要帮助,哪些学生在开小差。这不仅与座位有关,也与教师的站位有关。有的教师习惯站在教室的一个角落,这样就很难监控所有学生。教师应根据活动的需要移动位置。

4.保证学生能看到教学展示

图片、投影、多媒体等是课堂教学常用的展示工具。座位的摆放应该保证所有同学都能轻松地看到展示内容。

第六章 英语课堂教学评价

第一节 新课程评价理念

教学评价是英语课程的重要组成部分。科学的评价体系是实现课程目标的重要保障。通过评价，可以收集相关信息（如学生的阶段学习成绩），解读信息的含义（学生学习的进展情况、存在的问题），并依此做出判断和决定（如何改进教学或调整教学进度）。评价理念落后是制约课程改革与发展的一个严重问题，传统评价的问题主要反映为评价目标过度强调学科知识体系，忽视人文性，以测试为评价的唯一形式。《英语课程标准》的评价建议对传统的测试与评价模式提出了挑战，它具有以下特点。

一、从终结性评价转向形成性评价

（一）形成性评价的特色

从以考试为重点的终结性评价转为对教学全过程和结果进行有效监控的形成性评价。形成性评价对学生在学习过程中的表现、所取得的成绩，以及所反映出的情感、态度、策略等方面的发展做出评价，激励学生学习，帮助学生有效调控自己的学习过程，使学生获得成就感，增强自信心，培养合作精神，有利于学生从被动接受评价转变为评价的积极参与者。

（二）终结性评价侧重点的转变

终结性评价是检测学生综合语言运用能力发展程度的重要途径，也是反映教学效果和学校办学质量的重要指标之一。目前建议采用的评价方式是形成性与终结性相结合的方式，既关注结果，又关注过程，使对学习过程和对学习结果的评价达到和谐统一。但终结性评价的侧重点随着新课程的改革也发生了变化，侧重于考查学生综合运用语言的能力，增加了有语境的应用型试题，减少了单纯考查知识点的题目。

二、从单一转向多元

（一）评价主体的多元化

课程评价的对象是人（主要是学生和教师），评价的内容是人的发展程度和发展轨迹。人的发展是立体的，是动态的，要给予全面、准确、积极的评价，单靠静态的一元主体是不行的。因此，课程评价主体的多元化和动态性已是发展的趋势。目前的课程评价逐步成为由教师、学生、家长、管理者等有关方面共同参与的交互过程，传统的被评价者和那些似乎是"局外人"的人已成为评价主体中的一员。评价主体多元化加强了评价者和被评价者之间的互动，既提高了被评价者的主体地位，使评价者和被评价者共同承担职责，将评价变成了主动参与、自我反思、自我教育、自我发展的过程；又在相互沟通协商中增进了双方的了解和理解，易于形成积极、友好、平等、民主的评价关系，有助于评价者在评价过程中对被评价者的发展过程进行有效的监督和指导，帮助被评价者接纳和认同评价结果，促使其不断改进，取得进步。

（二）评价形式的多样化

形成性评价的形式可有多种，如课堂学习活动评比、学习效果自评、学习档案、问卷调查、访谈、家长对学生学习情况的反馈与评价、平时测验等。

（三）评价方式的多样性

评价应关注学生综合语言运用能力的发展过程以及学习的效果。教师应注意根据学生的年龄特征和学习风格的差异采取适当的评价方式。在日常的形成性评价中，应允许学生根据自己的特长或优势选择适合自己的评价方式。

三、体现学生主体地位

学生是学习的主体，无论是教学还是评价都应以学生的综合语言运用能力发展为出发点。因此，在各类评价活动中，学生都应是积极的参与者和合作者。评价应是教学活动的有机组成部分，通过评价使学生学会分析自己的长处与不足，明确努力的方向。为了使评价有机地融入教学过程，应建立开放、宽松的评价氛围，以测试和非测试的方式以及个人与小组结合的方式进行评价，鼓励学生、同伴、教师和家长共同参与评价，实现评价主体的多元化。

第二节　学业评价

学生为评价的主体，他们的学习成效是评价中的重点。学生学习评价是收集、综合和分析信息的过程，是了解学生的各项技能发展水平和发展潜力等信息的过程。课堂学习评价，是教师用来获取学生学习情况的一种课堂操作方式，是课堂研究的一个重要组成部分，是教师和学生对教学和学习实施检验的一种手段。通过对学习过程的观察、对学习效果的适时反馈，教师可以了解学生的学习内容、学习程度、学习方式等，对学生的学习状况有更客观的了解，从而更有效地开展教学，提高教学质量。

一、学业评价的目的

评价是对教学的反映。通过评价可以获取有关教学和学习方面颇具价值的信息。对学生学习情况的评价可以达到以下目的：

（1）记录学生的学习活动和学习行为，监控学习过程，为调整教学行为提供依据，优化教学过程，提高教学质量。

（2）检测教学内容的完成情况，为教师安排教学提供反馈。

(3)检测教和学任务的完成情况,为调整师生教和学的行为提供依据。

(4)检测学生对策略的运用情况,为学生调整学习策略提供反馈。

(5)帮助学生反思自己的学习,改进学习方式,指导学生做学习计划。

(6)为学生、家长、教师以及教育管理机构提供反馈信息。反馈的信息有课程标准实施信息,教材使用信息,学生学习成绩、情感、学习态度和学习方法等方面的信息。

(7)检测评估策略本身存在的问题,将评价的重心由注重结果转向注重过程,由注重局部评价转向注重整体评价,评价方式由单一转向多元。

二、学生学习评价方式

学生学习的评价方式也应该是形成性评价与终结性评价相结合。教学是个长期的过程,教和学的过程影响学习的结果。教师在教学的过程中应观察学生的言行、任务的实施以及情感态度等。常用的评价方式有以下几种:

（一）学习档案

学习档案是形成性评价的一种典型方式,一般要求学生将一段时期内自己各方面的表现如实地、有选择地记录在文件夹中,以供评价之用。学习档案中可以包括学生口头表现的记录(如讲故事、采访、对话、表演),笔头的记录(如作文),活动记录(如角色扮演、短剧),手工制作,多媒体作品,任务汇报等。学生本人是建立学习档案的重要参与者,学生在建立学习档案的过程中会对自己的学习情况及努力方向有比较明确的认识,对自己的学习进行反思。教师应提出要求,给出建设性的、鼓励性的评价,促进学生学习,帮助学生进步。

（二）活动观察和效果评价

在学生进行活动的过程中对学生的学习行为和任务执行过程进行观察和记录,并对效果进行相应的评价。教师应根据不同的目的选择适当的观测点和恰当的记录方式。

（三）阶段评价

阶段评价指在章节、单元或某一堂课结束时对学习效果、学习表现、学习态度等所进行的评价，一般采用书面的方式，可借助问卷、评价表等进行。要对学生进行全面的评估，需要各种各样的评价表。各评价表应有侧重点，例如从智力因素到非智力因素的评价，从结果到过程的评价。一张评价表不应包含太多的信息。评价表的设计应能满足评价的要求，应与教学的目标和课程标准要求相一致。教师应在教学中设计符合学生学习和自己教学的评价记录表。

三、评价示例

（一）写作能力评价表

表 6-1 可在写作能力评价中使用。

表 6-1 写作能力评价表

写作标准	考查方式建议
3级：能参照范例写出简单的问候卡或短文，能根据图片编写简短的故事	给学生一些词语，让学生看图写话
4级：能写出简短的指令、简单的信件和简单日志	1.根据图示写出使用某产品的操作步骤 2.给 Peter 写一张便条通知开会
5级：能独立起草简单的报告、短信、短文等；能简单描述人物或事件	1.就班级组织的环保活动写一篇简短的报告 2.写班里新来的一个同学
6级：能用恰当的语言写便条和简单的信函、问候卡；能将课文改编为短剧	1.曾在某校任教的 Mr. Green 回国后给同学们写了一封信。学生写一封回信，介绍自己英语学习的进步情况 2.演出所改编的短剧并对所改编的短剧和小组表演做描述性评价
7级：能描述人物或事件并表达自己的见解；能填写有关个人情况的表格	1.根据所给信息描写一次交通事故 2.填写有关个人信息的表格
8级：能写出连贯且结构完整的短文，叙述事情或表达观点态度	1.写一篇短文，描述受了伤的不知名的大鸟飞落在小明家的院子里后受到善待的事 2.对短文中描述的事加以评论

（二）听说能力评价表

1.下面是《英语课程标准》中对 3~5 级听说能力形成性评价提出的参考方案（见表 6-2）。

表 6-2　听说能力评价表

评价活动	参考性评价标准		
	☆☆☆	☆☆	☆
听指令做事情，如匹配、排序、选择等	能听懂并迅速做出正确反应，参与意识强，积极性高	能根据所听语言材料独立做出正确反应，参与意识较强	经过努力或他人帮助，能听懂语言材料，并做出正确反应
听并记录信息	听 1~2 遍，能按要求记录全部要点，内容准确，有个别语言错误	听 1~2 遍，能记录大部分要点，内容基本准确，有一些语言错误	听 1~2 遍，能记录部分要点，有较多语言错误
听问题进行回答、二人对话、角色表演、讨论问题	能流利地完成 3~5 个回合的交流，发音准确清楚，语调自然，能有效使用交际策略（如重复、澄清、使用表情和手势）完成交际任务	能比较流利地完成 3~5 个回合的交流，能使用简单的交际策略，有一些语言错误但不影响交际	语言交际策略贫乏，语言错误较多，但仍能基本完成交际任务
根据话题或图片进行表述、讲故事	语意连贯、有逻辑性、有一定的想象力，用词丰富，能与听众保持交流，有个别语言错误，但不影响意思的表达	语意比较连贯，有一定的逻辑性，用词不够丰富，能与听众保持一定的交流，有一些语言错误，但不影响意思的表达	语意不够连贯，词语贫乏，与听众缺乏交流，语言错误较多，但基本达意
朗读	语调自然、流畅，语音、节奏正确，富有情感	语调比较自然，语音、重音、节奏基本正确	语调不够自然，有一些发音错误，但基本能听懂

2. 表 6-3 可在口头演讲或汇报中评价使用。

表 6-3 口头演讲或汇报评价

Name:	Date:
Physical Expression	
1. stands straight and faces audience	
2. changes facial expression with changes in tone of the presentation	
3. maintains eye contact with the audience	
Vocal Expression	
1. speaks in a steady clear voice	
2. varies tone to emphasize points	
3. speaks loudly enough to be heard by the audience	
4. paces words in an even flow	
5. utters words clearly	
Verbal Expression	
1. chooses precise words that convey meaning	
2. avoids unnecessary repetition	
3. states sentences with complete thoughts or ideas	
4. organizes information logically	
5. summarizes main points at conclusion	

（三）阅读能力评价

下面是《英语课程标准》中对 3~5 级阅读能力评价提出的参考方案（见表 6-4）。

表 6-4 阅读能力评价表

评价内容	评价基本要求	评价活动举例
阅读兴趣	1.正确认识阅读的目的和作用 2.有积极主动的阅读习惯，能发现阅读的乐趣 3.能结合阅读内容进行思考并与同学展开讨论 4.除教材及课程标准规定的阅读任务以外，能进一步扩大阅读范围和阅读量	1.学生的自我评价：通过阅读记录、自我评价表等方式了解自己的阅读情况 2.教师课堂观察
阅读策略	1.善于选择合适的阅读材料 2.能根据阅读材料的题材和体裁选择恰当的阅读方式和方法	1.填写阅读策略使用情况问卷 2.以小组的形式交流和讨论阅读策略使用情况

续表

评价内容	评价基本要求	评价活动举例
阅读策略	3.能根据不同的阅读目的灵活运用阅读策略 4.基本上能够独立阅读，根据需要使用简单词典等工具书 5.能把阅读中学习的知识与其他学习活动（词汇学习、语法学习、写作训练等）结合起来	3.教师课堂观察
阅读技巧	1.连贯、流畅地朗读课文 2.从简单的文章中找出有关信息，理解大意 3.理解并解释图表提供的信息 4.理解故事中的事件发生顺序和因果关系 5.根据上下文和构词法推断、理解生词的含义 6.理解段落中各句子之间的逻辑关系 7.找出文章中的主题，理解故事的情节，预测故事情节的发展和可能的结局 8.识别不同体裁阅读材料的文体和结构特征	1.朗读已经学习的课文 2.从文段中找出段落主题句 3.为段落设计小标题 4.根据阅读材料在图表中补全信息 5.根据图表信息在文段中填写关键信息 6.设计表格、流程图，展示事件的时间顺序或因果关系 7.把文段中的一些句子摘出来，让学生还原 8.猜测生词意思并在文段中找出猜测线索或提示 9.阅读之后以口头或书面形式续写故事 10.找出不同体裁阅读材料的组成部分

（四）调查问卷

在听完或阅读完材料之后可发放调查问卷了解学生的学习情况，如在听力训练后组织学生回答下列问题：

Answer these questions and then compare your answers with your partner.

1. Was the listening text easy?

A. Easy.　　　　　　B. Quite easy.　　　　　C. Quite difficult.

2. Classify the listening task you had to do in the same way as above.

3. Why was the listening text easy/difficult to do?

A. The people spoke clearly/unclearly.

B. They spoke slowly/fast.

C. Their accents were familiar/unfamiliar.

D. I could/couldn't see the people.

E. The sound quality was good/not good.

F. The context was clear/unclear.

G. The topic was within/beyond my experience/knowledge.

（五）阶段评价

1.学生评价

表 6-5 可供学生评价使用。

表 6-5 学生评价表

技能	自评	学生评价	教师评价	家长评价
我能用英文说出从 1—10				
我能写出字母 A—Z				
我会运用 big 和 small				
我能用英语询问、表达年龄				
我能用英语介绍我的父母				
我能用英语介绍自己的名字				
我能用英语询问他人的名字				

2.教师评价表

表 6-6 可供教师评价使用。

表 6-6 教师评价表

Class：　　　　Teacher：　　　　Date：　　　　Level (Great/Yes/Not sure)：

After learning Unit 2	St.A	St.B	St.C	St.D	St.E
He/She can name some jobs					
He/She can ask about jobs with pictures					
He/She can talk about the jobs of their family members with their friends					
He/She can tick out the jobs in conversations					
He/She can write a short passage to introduce the jobs of his family members					

（六）阅读策略使用自评表

表 6-7 可用于对阅读策略使用的自我评价。

表 6-7　阅读策略使用自评表

Self-evaluation Sheet Date:			Name：	
1.I was able to select a story I am interested in	True	Partly true	Not true	
2.I tried to guess from the context when I met new words in the story	True	Partly true	Not true	
3.When I failed to guess out the words, I referred to the Chinese version for reference	True	Partly true	Not true	
4.I skimmed the story to find what it is mainly about	True	Partly true	Not true	
5.I then read the story carefully, interested in some of the details	True	Partly true	Not true	
6.When I was required to retell a character I like best or a happening which attracted my attention, I scanned the story again for some details	True	Partly true	Not true	
7.In the discussion with others, I found that I was able to get the right information very quickly as I read in the way I had	True	Partly true	Not true	
8.I am satisfied with my reading this time	True	Partly true	Not true	

（七）学生英语学习策略评价表

表 6-8 可用于对 7~9 年级学生英语学习策略的评价。

表 6-8　学生英语学习策略评价表

学习策略		使用情况				
认知策略	1.我总是根据需要进行预习	1	2	3	4	5
	2.在学习中我能集中注意力	1	2	3	4	5
	3.在学习中我积极思考	1	2	3	4	5
	4.在学习中我善于记要点	1	2	3	4	5
	5.在学习中我善于利用图画等非语言信息帮助理解	1	2	3	4	5
	6.我通常借助联想学习记忆词组	1	2	3	4	5
	7.我对所学内容主动复习并加以整理和归纳	1	2	3	4	5

续表

学习策略		使用情况				
认知策略	8.我注意发现语言的规律并运用规律举一反三	1	2	3	4	5
	9.使用英语时我能意识到错误并适当纠正	1	2	3	4	5
	10.必要时我借助汉语知识理解英语	1	2	3	4	5
	11.我经常阅读英语故事	1	2	3	4	5
	12.我借助联想把相关知识联系起来	1	2	3	4	5
	13.我经常利用推理、归纳等手段分析和解决问题	1	2	3	4	5
调控策略	14.我有明确的英语学习目标	1	2	3	4	5
	15.我经常制订英语学习计划	1	2	3	4	5
	16.我积极探索适合自己的英语学习方法	1	2	3	4	5
	17.我经常与教师和同学交流学习体会	1	2	3	4	5
	18.我尽量通过多种渠道学习英语	1	2	3	4	5
	19.我对英语和英语学习有积极的态度	1	2	3	4	5
	20.我逐步树立对学习英语的信心	1	2	3	4	5
资源策略	21.我注意通过影像材料丰富自己的学习	1	2	3	4	5
	22.我经常使用工具书查找信息	1	2	3	4	5
	23.我经常通过网络社交平台与他人交流英语学习	1	2	3	4	5
	24.我定期参加一些英语网络课程的学习	1	2	3	4	5
	25.我经常通过下载一些英语APP拓展英语学习	1	2	3	4	5

注：1=从来不使用；2=基本不使用；3=有时使用；4=经常使用；5=总是使用

请学生算出以上各部分的平均得分数。平均得分 4.5~5 表示总是使用此类策略；3.5~4.4 表示经常使用；2.5~3.4 表示使用情况一般；1.5~2.4 表示基本不使用；1.0~1.4 表示几乎不使用。

（八）问卷评价

问卷评价用于检验学生对教学内容的掌握、对课堂活动的态度等。具体操作如下：

（1）在下课前几分钟，让学生取出纸回答下列问题，低年级的学生可用中文或使用英语关键词回答：

What activities do you like best? Why?

What activities do you not like? Why?

What have you learned today?

(2)教师收集学生的答案并加以分析。
(3)第二堂课对上一堂遗留的问题进行处理并根据反馈适当调整教学。

第三节 测试

一、评价与测试

评价是指通过收集数据和信息来说明学生在学业上取得的进步或成就。测试是指经过一段时间学习后,通常采用笔试对学生的学习结果进行考核的形式。评价与测试体现一种逐级包含的关系,测试是评价中的部分支撑信息,是一种重要的教学评价方式,是用来了解、检查和鉴定学习者掌握英语的实际水平的一种手段。通过测试,教师和学生可以获取反馈信息,可以检查教学效果;学生可以了解学习进展情况。测试有利于师生调整教和学的方式和方法,提高英语学习质量;测试还有利于督促学生系统整理和复习所学内容,梳理学习思路,调动学习的主动性和积极性。

二、测试的类型

(1)从目的来分,可分为学业测试、水平测试、学能测试、诊断性测试和进度测试等。
(2)从阅卷的客观性来分,可分为主观性测试和客观性测试。
(3)从答题的方式来分,有笔试和口试之分。在以往的教学中,测试多以笔试为主。
(4)根据范围不同,测试可以分为单元测试和章节测试。
(5)根据时间不同,测试可以分为随堂测试、周考、月考、期中考试和期末考试等。

测试通常要划分等级，或以百分制记分，或以等级制记分（A=优秀，B=良好，C=及格，D=不及格），也可以采用百分比的形式。

三、试卷的制作

（一）要求

笔试试卷的制作是英语教师必备的重要技能。从宏观方面来讲，试卷应符合以下要求：

（1）命题时应以相应的大纲为依据；

（2）应对教与学有良好的导向作用；

（3）应根据不同目的选择题型；

（4）应确保试题的效度（即此题要考学生什么）；

（5）在预定范围之内，难度应适中。

从微观方面来讲，试卷的制作还应符合下列要求：

（1）有题头：标题要包括考试对象，所考课程，学期，类别（期中、期末等），卷类（A卷、B卷等），出卷年月和考试用时。此外，要留出地方填写测试的日期、考生姓名、班级和分数。

（2）有大题的题号和指示语、大题总分和每小题的分数。

（3）试题、标准答案和评分标准配套，听力部分要有录音材料和录音稿。

（4）试题难度适中且分布得当。

（5）正规考试一般要设计两份难易度相当的试卷。

（6）题量和考试时间搭配合适。

（二）题型

试题设计应多样化，可有以下题型：

1.选择题

选择题由题干、干扰项和答案三部分构成。这种题型可用来检查英语发音、词汇和语法等，在考试中经常遇见。命题时应注意命题的目的，题干要简洁明了，选择项要有干扰项且不宜过于冗长。以下面的题目为例：

We believe that we can do it（　　）.

A. success

B. succeed

C. successful

D. successfully

A、B、C 选项为干扰项，D 为答案。

编写选择题是一项技术性很强的工作，因为要设计与正确答案既有本质区别，又在表面上有相似之处的三个干扰项是一件不容易的事情。不了解选择题特点的人往往容易作形式上的模仿，这样很难充分发挥选择题的优点。为了提高选择题的命题质量，一般在编写时要遵循如下原则：

（1）每题只能有一个正确答案；

（2）每题只能有一个测试重点；

（3）干扰项应有一定的迷惑性，并防止出现语法错误；

（4）题干与选项的语言难度应一致；

（5）试题的语言力求简明扼要；

（6）试题各部分之间、试题与试题之间应避免各类提示，或提供多余的线索；

（7）试题的各个选项应有相似的长度；

（8）避免把"all of above"或"all of these"作为选项；

（9）避免选项的重叠；

（10）正确答案的位置应随机排列。

试题的难度应该与考生的语言水平一致。可通过增加或减少选项间的内容和形式上的一致性控制试题的难度。

2.匹配题/连线题

匹配题/连线题是选择题的一种。它由两部分组成：一组问题和一组选择项。回答时要求考生从选项中为每一个问题挑选一个最合适的答案。这一题型适合于测试词汇、事件、日期、人物、地点等简单的学习行为，而不适于测试复杂的学习行为。在编写匹配题/连线题时应注意下列原则：

（1）一般每个配对项目只有一个正确答案；

（2）选择项的数目必须超过问题的数目；

（3）配对的项目数量不能太大，一般为十对；

（4）可以通过调节配对内容的一致性掌握试题的难度。如果各配对项目的内容都比较相似，难度就大；反之，就容易。

3.听写

听写可以考核学生的词汇掌握能力和拼写能力，可有单词听写、句子听写或短文听写的形式。根据学生的水平，短文听写可为全文听写或部分听写。试题的难易度可由听力材料的速度、次数、间隔的长短等控制。

影响听写难度的因素很多，但主要有下列因素：

（1）听写材料的难度。听写测试的是学生的听力理解水平和综合语言能力，那么听写材料的难度应与听力理解材料的难度大抵相同，即它应比同级的阅读理解材料要容易些。

（2）材料朗读的语速。适当的语速应是日常生活中人们正常讲话时的语速。这样的语速才能测出学生在听正常语速会话时的听力理解水平。

（3）断句的长度与停顿的时间。断句长度直接影响听写的难度。断句长度太短，学生即使不理解句子的意思也能凭记忆写下来；断句长度过长，学生可能理解了意思但写不下来，这两种情况都应避免。听写的断句长度应随语言程度的递增而加长，但一般而言断句的长度应大于7个字。

（4）重复次数。重复的次数越多，听写越容易。标准听写通常读三遍。第一遍按正常语速朗读，学生只听不写，集中注意力听懂意思。第二遍在预先确定的地方停顿，留足够时间让学生写。第三遍与第一遍一样，让学生校对。重复的次数还应根据考试的目的作适当调整。

（5）信噪比（干扰听写）。在干扰听写中，信噪比是影响听写难度的一个要素。语言信号越清楚，干扰噪音越小，听写就越容易；噪音越大，听写越难。

（6）朗读者的口音与清晰程度。学生对朗读者的口音越熟悉，朗读者的口齿越清楚，听写就越容易。反之，听写就比较困难。但是根据语用测试中"自然性"的原则，朗读者最好是以英语为母语的人，这样的语音就比较接近真实交际中的情景。

4.填空

可有单词、句型填空和完形填空的形式，通过填空使句子或段落的意思完整。但须注意填空的安排要有目标性且位置不宜过于密集，空格的抽取以有上下文提示或学习的重点为宜，如语法点。

完形填空的编写必须注意两个方面：选材和留空。选作完形填空的短文要求是原著，如将非本族语作者的文章用作完形填空，其信度和效度都会出现问题。短文的语言难度要与考生的水平一致，一般选用比阅读理解材料稍易些的短文较妥当。文章所涉及的知识范围不应超出考生的一般知识水平，否则就成了知识测验。选作完形填空的文章应结构完整、层次分明、条理清楚。用于中、高级水平的完形填空，所选短文情节不能过于平铺直叙，否则很难设计出高质量的受上下文限制的空格。文章的长度在200~250个单词较为妥当。太短无法提供完整的语境，太长又不经济。

一般以能留出10~20个空格为宜。空格的设计，特别是可变比率型的空格安排应注意以下几点：

（1）文章的首尾一、二句不留空格，至少应该保证第一句句子的完整，以帮助学生进入文章内容、了解作者的写作风格，便于后面的填空。

（2）文章中的人名、地名等专有名词，以及日期、数字等不能作为空格。因为这类信息如果只在文章中出现一次的话，学生无法根据语言线索，或其他线索填出这些空格。

（3）固定比率型的完型填空，空格间隔一般不少于5个词（每5~7个词留一个空格）。可变比率型的完形测试，空格之间的间隔不能太近（不少于3格），更不能连续留空。空格太近或连续留空会提高题目的难度，增加多答案的可能性。

（4）两空格之间也不宜相隔太远，平均间隔字数不超过11个。间隔太远难度太小，较难测出学生的理解能力。

（5）选择型的完形填空不应以学生常犯的语法错误作为干扰项。因为完形填空主要测试学生的阅读理解能力，而将语法错误编成干扰项与文章理解没有直接关系，偏离了测试目标。

（6）干扰项的设计应与学生的语言水平、对文体的辨别能力相一致。

（7）考试的指导语（题目说明）必须明确，特别必须说明怎样才算是一个字。例如：isn't等缩写是否算一个字。

5.主观题

主观题包括填空、翻译、回答问题、写作等题型。在设计主观题时，最主要的是要提高主观型试题的可靠性，在编写试题和评分的过程中都应遵循一定的方法。

首先，在编写试题的过程中应注意：

（1）只有在测试复杂的学习行为和学习成果时，才采用主观型试题。

（2）试题的测试内容应与准备测试的学习行为之间有直接的联系。

（3）不能让学生自己选择试题。在同一次测验中，所有的学生应回答相同的问题。

其次，在评分时应遵循下列原则：

（1）把要测试的学习行为作为评价答案优劣的主要标准。

（2）事先准备好评分细则，包括一切可以接受的答案，并规定各部分的得分。

（3）采用按题评分而非按卷评分的方法评分。

（4）评卷时，不能知道答卷人的姓名，避免受其平时表现的影响。

（5）在可能的情况下，由几个人同时参加评分工作。

（三）试卷的检查

综上所述，可通过检查以下各项来判断试卷制作是否合理：

（1）试题的考点是否明确；

（2）试题内容是否在命题范围之内，难度是否适中；

（3）难易题分布是否恰当；

（4）题型选择是否合理、是否多样化；

（5）题量是否适中；

（6）试题格式是否正确；

（7）试卷题头是否符合要求；

（8）指示语是否简洁明了；

（9）分值是否分布合理；

（10）试卷、标准答案和评分标准是否配套；

（11）拼写是否准确。

参考文献

[1]陈夺. 基于跨文化交际的英语教学研究[M]. 长春：吉林出版集团股份有限公司, 2021.

[2]刘亚娜. 高校英语教学理论与实践探究[M]. 长春：吉林人民出版社, 2020.

[3]蒋丽霞. 文化视域下的高校英语教学研究[M]. 北京工业大学出版社有限责任公司, 2021.

[4]王磊. 高校英语教学转型发展研究[M]. 长春：吉林人民出版社, 2019.

[5]徐道平, 王凤娇, 赵卫红. 互联网时代下高校英语教学研究[M]. 长春：吉林人民出版社, 2019.

[6]韩俊秀, 吴英华, 贾世娇. 任务型学习法与高校英语教学[M]. 广州：广东旅游出版社, 2019.

[7]刘媛. 新时代高校英语教学研究[M]. 北京：北京工业大学出版社, 2019.

[8]王志南. "互联网+"时代高校英语教学优化与创新实践研究[M]. 长春：吉林大学出版社, 2020.

[9]杜羽洁, 史红霞. 高校英语教学模式创新与发展研究[M]. 北京工业大学出版社有限责任公司, 2019.

[10]于明波. 当代高校英语教学与混合式学习模式探究[M]. 北京：中国纺织出版社, 2019.

[11]吴文亮. 信息化时代高校英语教学理论的解构与重塑[M]. 长春：吉林大学出版社, 2019.

[12]王园. 基于二语习得理论的高校英语教学研究[M]. 长春：吉林大学出版社, 2019.

[13]卢昕, 马春线, 宋凯. 高校英语教学的基础理论与应用研究[M]. 北京：九州出版社, 2017.

[14]黄蓓莺. 高校英语教学的过程性评价与个案研究[M]. 杭州：浙江工商大学出版社, 2018.

[15]郭慧莹. 应用语言学理论视阈下高校英语教学实践研究[M]. 北京：冶金工业出版社, 2019.

[16]陈雪，杨伶. 英语教师专业发展路径研究[M]. 长春：吉林美术出版社，2019.

[17]余爽爽. 高校英语教师专业发展与教学研究[M]. 西安：西北工业大学出版社，2019.

[18]刘英爽，鲁硕，程颖. "互联网+"背景下英语教师专业发展研究[M]. 北京：中国商务出版社，2019.

[19]路荣. 大学英语教师专业能力发展策略研究[M]. 长春：吉林大学出版社，2019.

[20]裘莹莹. 网络环境下大学英语教师专业素质与师生共同体的构建[M]. 吉林出版集团股份有限公司，2019.

[21]陈蓼，蒋海燕. 英语专业教师思辨能力培养研究 以行动学习理论为框架[M]. 北京：中央民族大学出版社，2018.

[22]张亚兰，刘治明. 英语教师专业发展研究[M]. 北京：中国社会科学出版社，2018.

[23]王岚，王洋. 英语教学与英语思维[M]. 长春：吉林人民出版社，2019.

[24]丁睿. 大学英语教学发展研究[M]. 长春：吉林人民出版社，2019.

[25]蔡吉，钟淑梅. 基于学科素养的英语教学[M]. 北京：知识产权出版社，2019.

[26]霍然. 跨文化英语教学研究[M]. 吉林出版集团股份有限公司，2019.

[27]余玲. 文学翻译与大学英语教学[M]. 北京：原子能出版社，2019.